天下文化

BELIEVE IN READING

教育教養 BEP050

學思達與師生對話

以學思達為外功、薩提爾為內力
讓教室成為沒有邊界的舞台

學思達核心講師
郭進成、馬琇芬——合著

推薦序

既溫柔且剛強的行者

作家、教育家　李崇建

這是一本太實用的書，從翻開書的第一篇，便抓住了我的目光，也將我的心給套牢了，我認真且享受的閱讀，即使某些章節我已經知道了……

我所知道的部分，是進成與琇芬踏入學思達，以及以薩提爾為基礎的師生對話。彼時我在靜宜大學分享，邀請一老師上前示範，以對話深入教師內在，展示人們內心的小宇宙，是以何邏輯形成？如何以不健康方式運轉？

我在台前對話告一段落，台下一書生頻頻落淚，桌上滿滿用過的衛生紙，情緒猶自未了地湧現。之所以稱他為書生，乃因面白清秀且斯文，孰料他舉手提問卻未能發聲，被哽咽的淚水淹沒，他最後示意等一會兒再發言。

我清楚記得那一天，問他的兩句話是：

「你可以接受你的眼淚嗎？」

「你的眼淚在訴說什麼？」

書生哽咽表示：「我很接納我的眼淚。」

我接著邀請他，何妨一邊哽咽，一邊說他的眼淚？書生這才娓娓道出提問。

他是郭進成老師，是一溫文儒雅的書生，也是一勇敢執著的俠客；他身邊坐一嫻靜女子，紅著眼眶陪伴他，正是他夫人馬琇芬。

此後我們在各場合相見，彼此甚少機會交談，網路訊息亦極少來往，進成偶爾有些互動，琇芬則幾乎沒有機會。直至兩年前工作坊，琇芬才表示過去不敢靠近我，也許是對我敬畏？或者我難以靠近？我並未繼續追問。但是我感覺彼此內在很靠近，即使是比水還淡的交情，彼此內在都有連結，並在各地傳遞連結的心念。

進成與琇芬是最認真的學習者，亦是我心中學習者的典範。

說他們「博覽群經」不為過，經常矖出新資訊，亦參與各種研習。他們以學思達為經，以薩提爾模式為緯，但內容卻包羅萬象，從各處取經且消化，融合成特殊的風景，因此他們也是創造者。

我曾推薦他們舉辦工作坊，無論是到學校單位，或者公務員培訓系統，乃至宗教團體演講，我都收到甚多回饋，回饋他們的帶領優質，甚至有夥伴與我分享：「他們的帶領太讚了，甚至超越崇建了。」

他們的帶領超越我，實在令人激動且開心。

張輝誠老師曾有願景，勉勵所有學思達老師：「要一代勝過一代。」未料這麼快就看見了。

進成琇芬夫婦的帶領，整合出自己的方式，帶著一批又一批老師學習，成立專業的學習團體，據說新一代學習者，也已經在各地推廣對話。這樣不藏私的帶領，正是教育改變的動力，也是讓地球、宇宙更好運轉的方式，將好奇、連結、接納與愛的方式，廣泛的傳播出去。

他們帶領工作坊的方式，我一直無緣學習，只知道結合了學思達，去介紹薩提爾模式，並且推廣對話方式。

因此本書我不知道的部分，正是他們帶領工作坊的內容，包括覺察、連結與對話的系統，還有學思達授課、討論的部分。我一頭栽進他們的世界，有非常多的學習，也有很多新的點子迸發，並且覺得此書應重複讀，甚至集體共讀與討論，發展更多的新思維，為現有的教學、討論與工作坊，帶來更多創造性元素。

我非常感謝進成與琇芬，他們將對話、討論與覺察的工作坊，做了那麼多嘗試與整合，讓我想起薩提爾女士，她也是一創造力強大的人，整合了各種學派為用，我以為他們亦是如此，承襲了薩提爾兼容並蓄的精神，大開大合地展現與人連結、與知識連結的美好風景，在閱讀此書時，我為他們讚嘆，也對他們感到尊敬。

推薦序

神鵰俠侶，創新教學

學思達創始人　張輝誠

進成，是學思達大將；琇芬，是進成親密伴侶。他們兩位也是台灣教育圈的神鵰俠侶。

進成和琇芬在書中不約而同提到，二〇一四年靜宜大學一場工作坊，一起聽我分享「學思達」後，深受激勵，開啟了日後的教學創新之旅；也在學思達核心教師的成長營中，接觸了崇建分享的「薩提爾」，大受感動，開啟了日後師生對話的鍛鍊與精進之路。雖然他倆這樣說，但從我的角度來看，他倆從學思達早期尚無影響力、甚至乏人問津之時，就毅然投入學思達，並且一路實踐至今，歷久彌新，經久彌堅，背後真正的意義，是他倆的絕佳眼光、準確判斷力、篤厚實踐力，還有他倆強化並壯大了學思達的陣容。

進成和琇芬如此認同學思達，在我看來，很可能是他倆原本就有強大的自學習慣與能力。在學思達之前，進成其實就勤於學習新知，學術專業、教學新知、社會議題等等範疇，他無不大量閱讀、勤於書寫（進成在部落格風行時代便經常公開分享他的閱讀心得與教學經驗），除了自學之外，進成還樂於推己及人，自辦讀書會，分享給更多人一起相互成長（進成和琇芬就是因為讀書會而結成良緣）。後來，他倆伉儷還一起四處參與研習、轉益多師、虛心求教、努力增能，只為了不斷成長。在學思達之前，他倆學習也實踐過情境化學習、桌遊、分組合作教學、學習共同體等等，但最後依歸在學思達，以學思達為主軸，海納百川，過往所學皆可依附與茁壯。可以說，他們認同學思達，並不是追新鶩奇或風聞趨尚，而是自己多年探索與尋找之後的判斷與選擇，以及自我能力成長與印證的結果。

由此，也可看出他倆的共同特質——熱情、堅持、毅力、自學、自發、主動、積極、努力；他倆一動一靜、一衝一穩，相互扶持，一起在教學路上精進不已，一起扛起社會責任感而至各地分享教學創新。

進成和琇芬在學思達之路不斷精進，進成最早響應我的號召，很快就隨時開放他的教室，讓老師們進到他的教室觀課，分享學思達和他的各種創新教學內容給更多老師，同時也自主開辦工作坊、或外出分享學思達。後來，他倆又將薩提爾融入，書中可見他倆如何坦誠自己的成長歷程、原生家庭的應對方式帶給他倆的深遠影響，以及薩提爾帶給他倆的改變。於是，他倆把學思達與薩提爾精密地結合起來，再融入他們所擅長的情境化學習，打造出體驗性十足、反思性深刻的「學思達與師生對話工作坊」。

進成和琇芬精心打造的工作坊在全台各地開辦，只要一開放報名，極短的時間就會額滿，受歡迎的程度可見一斑。我曾邀請他倆一起為宏達文教基金會舉辦過一場，當天我旁聽他倆一整天的課程，我看著參與的老師神采奕奕，收穫良多，甚是精采。

這本《學思達與師生對話》就是他們多年來帶領工作坊經驗與課堂教學的精華，每一單元的課程設計都是經過幾十場的工作坊淬煉，每一回的經驗分享都經過多年課堂實踐的去蕪存菁，每一次師生對話都經過多少次的困頓、卡關與突破。這本書，談的都是扎扎實實的成功經驗，可讓讀者隨取即用、有效複製，也可示讀者以南針，帶領走進學思達與薩提爾迷人的教學新世界。

除此之外，進成與琇芬合著此書，也標示著學思達新的里程碑，那就是，學思達核心老師也開始著書作論，用他們的專業、用他們的經驗、用他們的能力。而這，也是學思達迷人之處！何以迷人？請您翻閱此書，一頁一頁讀下去，就能知道緣由了。

教育界齊聲推薦

（依姓氏筆畫排序）

學思達與薩提爾可說是翻轉教學的利器。這幾年在輝誠老師的帶領下，參與推廣的老師很多。進成與琇芬是最早投入的老師之一，他們這幾年有如神鵰俠侶一樣，除了自己不斷精進深化，更以傳教士的精神將經驗與心得在全台各地分享。

學思達與薩提爾是很棒的教學理念，留下很大的發展空間讓導入的老師發展。如何將理念轉化成課堂上的教學流程與教材，相信是老師的最大挑戰。樂見進成與琇芬賢伉儷將他們多年來的學習心得與教學精華撰寫成書，相信可以嘉惠更多想加入這個行列的老師們。

方慶榮（亦欣企業股份有限公司董事長、學思達後援會主力支持者）

有幸拜讀琇芬和進成老師的大作，翻閱書頁中，彷彿也重溫自己的教學歷程。當老師，從來就不只是教學而已。姑且不論中國傳統將經師、人師連結在一起，當今的教學現場，老師除了專業知識的傳授，還得關心學生的心理，甚至協助學生解決各種問題。

琇芬老師身體力行，參與許多教學研習，並運用於教學現場，再將這些經驗和本校老師共同分享。這幾年來，還進一步引進「學思達」的教學理念和「薩提爾」的對話治療，從書中的描述，憶起琇芬在研習中的精采講座。如今透過本書的出版，琇芬和進成老師願將金針度與人，是所有老師之福。

李宗定（實踐大學副教務長兼應用中文學系系主任）

《學思達與師生對話》書中細膩描述教學的情與境，引導學生思考與表達的學思達教學，融入了師者好奇與同理的薩提爾對話，讓原本權力分明的聽講空間，轉境成師生同理共學的對話場域。注意了琇芬和進成在書中所標示的時間，他們從講台高處走到學生的課桌椅間，也花了人生幾分之一的時間刻度，是一場與時同在的修練，是與學生同在、與自我直心相見的刻意練習。這本書深刻描述思辨、傾聽、對話的師生互動脈絡，與反覆練習闖關的為師心路歷程，是一本具有療癒力量的教學故事。

林美蘭（靜宜大學台灣文學系兼任講師）

字裡行間我們窺見進成和琇芬的成長歷程和心境轉折，經歷他們教學生涯的困頓與重生，然後發現其實我們擁有相似的害怕與擔憂，眼眶溫熱中明白了兩人熱忱分享的起心動念，原來這是在蛻變進化後的許諾，化為款款無盡的陪伴，而我是多麼幸運認識他們並擁有了這份溫度，帶領我打開教學的視野。

如果你常常搶不到工作坊的門票，如果你想要回味研習現場的感動，如果你想要將心動化為行動，如果你想要嘗試更多教學的可能，這本寶典會連結你冰山下的渴望，一起感受溫暖的陪伴。

張碩玲（雲林縣二崙國中輔導主任）

進成，高中與我就讀同一所學校，更是我服務學校前鎮國中的傑出校友，但是以前我們並不認識。

直到有次，進成、琇芬在為一群主動發起短講的教師們尋找分享的場地時，才開啟我們的緣分。那時候覺得進成、琇芬不求回報，且很用心想要跟所有教育夥伴分享教學心得的無私作為，讓人敬佩，更讓人想跟著他們並肩前行。

我想任何一位教師，只要打開這本書，一定會捨不得放下地一直閱讀下去。進成與琇芬從非常實務的教學課程設計，一路談到師生對話，沒有華美絢爛的詞語，更無高深艱澀難懂的論點，他們以最真實的經驗，有脈絡地梳理出一條讓每一位教師都能在他們陪伴下走好的路！誠摯向每一位讀者推薦這本書！

梁華蓁（高雄市前鎮國中校長）

上過我的桌遊課的朋友，一定對於其中一款遊戲「誰是臥底」印象深刻，乍看就只是個熱鬧的遊戲，但玩完之後，卻能引發深刻的省思。這是我心目中最棒的學習方式，從好玩出發，最後走向深刻。

「誰是臥底」這個遊戲就是郭進成老師教我的。

在這個追求技術的時代，內涵常常被遺忘，能完美結合這兩點的老師，少之又少，幸好郭進成與馬琇芬老師為我們做了最佳的示範。

現在這些完美的教學示範全收錄在他們合著的新書《學思達與師生對話》裡。

許榮哲（華語首席故事教練）

認識進成和琇芬已十多年，「求知若渴、大量閱讀、對話思考、勇於實踐、積極分享」是兩人生活寫照，簡單而迷人。

這些年兩人更如同運動家一般，舉起火炬，一步一腳印跑向各地，傳遞著教學的熱力與光明，傳遞著教育的深愛與希望。

熱力來自學思達課程設計，帶領我們看見課堂風景改變的具象和優美。深愛來自薩提爾對話模式，引導我們探索傾聽接納對話的開啟和共情。融合這兩股強大力量的本書，是創造豐盛生命歷程的寶典，邀請您同享。

陳志明（高雄市英明國中教務主任）

學思達教學希望翻轉單向授與的課堂樣貌，但如何引發學生自主學習動機，進而營造師生互為學習主體的課堂風景，其實並不容易。

琇芬與進成在書中通過教案，示範經營課堂所需的教學策略與心法，同時也展現他們如何通過自己的內在對話與自我轉化，具體以學思達教學與薩提爾對話雙軌交融的形式，建立師生共同經營課堂的內在連結。琇芬與進成以《學思達與師生對話》，具體證成教師自我進化的歷程與成果，這是他們在課堂實踐自我教學蛻變，並義無反顧勇敢前行後收獲的美好果實。

陳明柔（靜宜大學閱讀書寫暨素養課程研發中心主任、圖書館館長）

二〇一四年夏天認識了進成與琇芬這對「宅配夫妻」，就像一家學思達與師生對話註冊商標宅配公司，親自送達有關的教學祕笈給需要的顧客群們！那年十一月邀請他們到苗栗為縣內社會領域教師增能研習，那時我更堅信，走上另一條街……在這前一個月，我的課堂開始學思達！

「備課日常、專業升級、持續轉化、溫柔堅定、秒殺研習」＝宅配夫妻Keyword。

感謝宅配夫妻在這樣的脈絡中讓課程模組化，一次次的工作坊讓有心教學小變乃至改變的夥伴們有所連結，而我就是其中受益的N分之一！

這是一本柔軟而剛強陪伴自我的覺察工具書，可以因著自己的渴望學習而感染周圍的人們，我很歡喜它的誕生！

彭心儀（苗栗縣三義高中附設國中部公民教師）

「我每天對著空氣上課，還要假裝自己很嗨。」這句話是多數老師的心聲。而隨著教學年資漸長，覺得自己與學生代溝愈深，於是我們把這一切解讀為「學生一屆不如一屆」，這可能是事實。但是，我們是否問過自己：「我的教學有成長嗎？」進成與琇芬是我見過，最熱中於教學成長的夫妻。他們在各地辦工作坊，從情境教學、學思達教學、到薩提爾師生溝通。我常好奇，他們哪來這麼多能量與精力？

讀了《學思達與師生對話》後，我總算明白了。不論是進成的「交易遊戲」、「彩券遊戲」；琇芬的「高手過招」、「情境體驗」；以及他們的「薩提爾師生對話」，都是為了讓教學成為一座沒有邊界的舞台。我能想見，學生在這舞台自在漫舞的模樣。是的，教學只要樂在其中，我們就不必假裝。

★★★★★ **歐陽立中**（Super教師、暢銷作家）

在教書生涯中，進成是我很重視的夥伴！與進成認識是在高雄市國教輔導團，在團裡話不多，但每次發言總有讓人想「＋1」跟進的認同感。記得進成第一次提到學思達張輝誠老師時，那種想把「發現新大陸」的感動傳染給大家的熱情，我就是受惠的其中一位。

而琇芬總給人一種安定沉穩的感受，能夠與他們倆夫妻認識，真的是教學路上的貴人，也是夥伴口中的「神鵰俠侶」，令人稱羨。

《學思達與師生對話》是進成與琇芬這幾年的教學歷程，我有幸參與好多重要時刻，歷歷在目，猶如昨日發生。當我決定走上另一條街，就代表我有可能展現更好的應對姿態，更可能看到不一樣的課堂風景。

蔡宜岑（高雄市民族國中教務主任）

拜讀以學思達作為教學成長動力，人稱杏壇「神鵰俠侶」——郭進成與馬琇芬夫妻檔合著的《學思達與師生對話》，內心有無限的歡喜與敬佩。與琇芬老師相識於閱讀書寫計畫研習，因緣際會成為跨校的教師社群夥伴，共同研發古今對讀的教案討論與發表等。她不藏私地分享蓄積的教學能量，說不完的教學理念與課程設計，就成了本校一次又一次的研習主題，難能可貴的是工作坊「買一送一」，進成老師加入了「師生對話」的心法，受益良多。欣聞成書之際，願這股教育愛致廣大盡精微的跌宕歷程，接引更多的良師益友。

鄭富春（輔英科技大學共同教育中心主任）

3 推薦序 既溫柔且剛強的行者 李崇建
7 推薦序 神鵰俠侶，創新教學 張輝誠
10 教育界齊聲推薦

PART 1 我走上另一條街

24 1 學思達與師生對話 進成
40 2 遇見學思達與薩提爾 琇芬
54 3 我打開了教室的門 共學社群與社群帶領 進成

PART 2

學思達課程設計

1 課堂暖身，活化教學——寓教於樂的「高手過招」 琇芬 74
2 遊戲，不只是遊戲——層次分明的焦點討論法 進成 83
3 體驗比說理更有力——情境式課程設計 琇芬 94
4 為閱讀打下穩固的地基——具體問題設計 琇芬 109
5 引發好奇，探索答案——單元問題設計 琇芬 120
6 提升閱讀素養——核心問題設計 琇芬 138
7 搭建學習的鷹架——活用「問題設計三層次」 琇芬 154
8 古文，離孩子並不遠——國文學思達（上） 琇芬 167
9 古文，離孩子並不遠——國文學思達（下） 琇芬 203

PART 3 薩提爾師生對話

1 最重要也最困難的事 真正需要改變的人 進成 246
2 霸凌者的孤單 完全接納的傾聽 進成 255
3 當師生關係面臨衝突 先覺察，再同理 琇芬 272
4 孩子，你的眼淚是什麼？ 用正向好奇開啟師生對話 進成 285
5 以關心取代糾正 以對話探索內在冰山 進成 296
6 一到十分，你的滿意程度有幾分？ 以量尺技術快速核對 琇芬 309
7 對治拖延症的解方 以薩提爾對話引導寫作 琇芬 320
8 看見孩子的亮點 從感受切入，連結渴望 進成 337

後記 看不見的學生 進成 350
後記 沒有邊界的舞台 琇芬 354

PART

我走上另一條街

在這條路上，沒有職務的晉升，而是專業的深化；
不求個人的表現，而是分享的快樂。

人生真正的成就與幸福，是明白自己的天賦，
在適合自己的位置上，發揮最大的效能。

01

學思達與師生對話

進成

我想要愛你，而不抓緊你；欣賞你，而不評斷你；
參與你，而不侵犯你；邀請你，而不強求你；
離開你，而不覺愧疚；批評你，而不責備你；
並且幫助你，而不侮辱你。
如果，我也能由你那裡獲得相同的對待，
那麼，我們就可以真誠地相會，而且，滋潤彼此。

——薩提爾（Virginia Satir）

網路社群流傳一部師生互動的影片，片中情境觸動了許多教師。

影片中，一位化學老師背對學生板書時，台下傳來一聲手機社交ＡＰＰ的叮咚聲，老師聽聞後停頓了一會兒，繼續板書，沒想到叮咚聲又連響了兩聲，終於老師無法忍受，決定轉身面對全班，接著開始講道理。

這是我們在各縣市帶領「學思達與師生對話工作坊」時，常會放映給學員觀看的一部短片。影片播到教師講完道理的橋段，我們會將影片暫停，並詢問學員們幾個問題。

單向講述的課堂困境

第一個問題是：「這樣的說教有效嗎？」請現場老師就個人的教學經驗或生命經驗回想、思考，這種說道理的方式，是否能達到想要的效果？

請現場學員針對這個問題表達想法時，我們通常會請全體起立，透過「走光譜」的方式，讓學員具體看見彼此的想法有何不同。

如何走光譜呢？我們邀請認為「有效」的學員往前站，愈有效就愈往講台靠近；覺得「無效」的學員往後面站，愈無效愈往教室後的牆壁靠近。以教室空間的前後作為一道光譜，讓學員走到某個位置，以表達他們的看法和看法的強弱程度。

站定後，我們會採訪學員，請他們說說覺得有效或無效的理由。採訪了幾位學員後，再請每個學員去找一個或兩個距離較遠的人互相對話（也就是各自找一個立場不同的人進行交流），分享自己的立場以及抱持這個立場的理由。

等雙方充分交流了彼此的想法後，再請他們站回原來的位置。接著，我們詢問全體學員：「你有因為剛剛的交流對話，而改變想法嗎？如果有，請你開始移動，到能反映你現在想法的位置。」

請你猜猜看，會有多少人移動呢？

我們帶領過好幾場工作坊，願意移動的老師少之又少，甚至遇到全場沒人想移動位置的狀況。這時，多數學員一觀察到幾乎無人移動，都會不約而同地笑出聲來。

接著，我們邀請「願意移動位置的老師」說說他移動位置的理由，然後再詢問幾位「沒有移動位置的老師」，說說他們的看法。

最後問現場學員，對於這一段歷程是否有任何的發現或想法，願意與大家分享？邀請全體學員自由發言。

透過「走光譜」的採訪活動，學員可以立即體驗到：在「觀點」的層次進行對話，往往不容易改變彼此的想法。多數學員在我們總結活動的觀察時，常會頻頻點頭，露出恍然大悟的神情。

改變對方的觀點真的不太容易啊！有趣的是，我們在教學現場或日常生活中，為何常常認為改變學生最有效的方法，是透過講道理或說教的方式呢？

在活動過程中，學員們的立場不盡相同，但各自把想法陳述出來以後，大多數學員還是覺得自己是對的，不願意改變立場。

我們問學員的第二個問題是：「在課堂進行這樣的說教，會發生什麼問題或造成什麼代價呢？」有沒有更好的處理方式？並請學員進行小組討論。

許多學員都會注意到這個問題——影片中學生手機傳出叮咚聲，正是發生在教師轉身板書的時候。

教師背對學生，本來就容易和學生失去連結。很多老師上課時卻很依賴板書，這真的有必要嗎？如果教師在課堂上講解某個知識點時，總是需要停下來以板書補充資料或概念，是否該考慮運用其他更好的方式來幫助學生的課堂學習呢？例如簡報或是講義。

如果教師講解這個知識點時，總是要花許多時間來板書，學生在教師板書的時候只能枯坐等待或做一些和學習無關的事。等教師完成後，通常又會期待學生再花時間抄下板書的內容，在學生抄寫的過程中，教師往往又繼續講述說明知識點的重點。學生一面抄寫，一面要聽講，這樣的學習效果真的好嗎？教師是否等同在要求學生一心二用呢？

以簡報或講義取代板書會不會更好呢？因為教師板書和學生抄寫的時間都省下來了，

教師不就多出更多時間來進行其他更有意義的課程活動，例如好好設計一個問答題讓學生思考，然後進行小組討論，達到培養學生進行高層次思考的目標。

此外，也有學員指出，影片中的課堂其實只有一個學生的手機傳出聲音，教師卻選擇停下課程，這樣的處理似乎並不恰當。因為教師選擇公開對全班說教時，很可能會讓使用手機的學生因感到羞辱而更加抗拒。對其他沒有犯錯的學生而言，則受到變相處罰。這樣公平嗎？會不會影響到其他學生的學習權益呢？

當學員將這些關鍵點提出來以後，我們便分享課堂為何需要學思達與師生對話。

單向講述的課堂時常發生這種困境——當少數學生的言行影響上課時，教師就得中斷講述來處理學生的不當言行；若不處理學生不當言行，上課的品質又會受到干擾，因而教師經常陷入「教學進度」與「課堂經營」的兩難情境。

在運用學思達教學與採取薩提爾對話的課堂裡，上述兩難就容易化解了。

學思達課堂的教學流程

學思達的教學方式有五個基本步驟：**學生自學↓思考問題（教師提問）↓小組討論↓**

師生問答（學生表達）↓教師統整，分別說明如下：

學生自學——指的是教師依據課程目標，準備能讓學生自主學習的文本，形式可以是課本、講義、影片、活動、遊戲或桌遊，讓學生自主學習相關的課程概念。教師安排學生自學時，要考慮學生的學習起點、目前的程度是否能自學，是否還需要補充資料，例如由教師先轉化或簡化相關概念，當然還必須考量讓學生自學的時間多久等等，這些細節都需要教師仔細的思考與安排。

思考問題——則是指教師在上課前透過講義，設計能夠引發學生思考的問題，一般來說，能引發學生思考的問題形式是問答題，但教師也可以根據學科屬性來設計其他

學思達教學五步驟

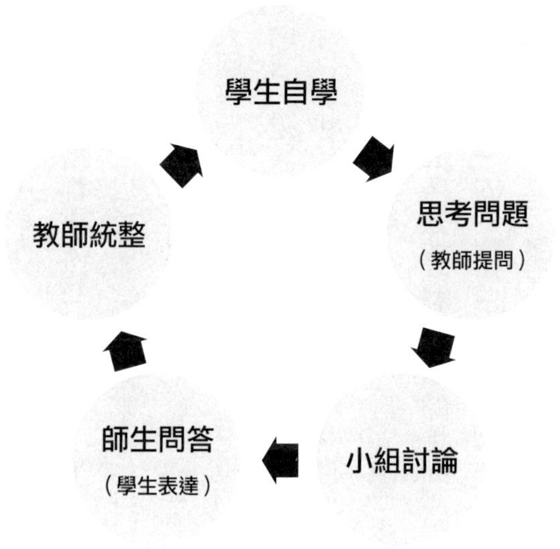

類型的問題，例如是非題、選擇題、簡答題、圈選題、連連看、填空題等。最重要的是，這些問題類型能否引發學生進行思考，而不是光看課本按圖索驥就能找到答案。除了講義裡的問題，教師也可視情況，在課堂直接提出問題來追問或引導學生進一步探究核心概念。

小組討論——在上述歷程中，每個學生的學習方式與速度都不太相同，透過小組討論可以讓彼此有機會互相對話，檢核彼此的學習理解是否有誤，也可以透過表達來深化自己的學習理解。更重要的是彼此產生合作的關係，在同儕的支持下更有學習的動力。

師生問答——教師可以透過抽籤提問，隨機抽人回答問題，了解學生在上述歷程的學習情形是否符合教師預期；除了抽籤，也可以指定回答、邀請回答、小組小白板做答、各組派人上台寫黑板，或運用教室空間，以「光譜」、「十字象限」等方式，請學生根據自己的答案站到相對應的位置，由教師進行採訪，了解學生的思考脈絡。採取何種形式讓學生來表達，一樣要看教師的教學目的為何。這個階段有點像過去多數教師常使用的坊間測驗卷來進行評量，但在課堂上直接進行「師生問答／學生表達」的步驟效果更好，因為教師可以很快透過這種動態評量即時掌握學生的學習狀況，並據此進行課程難易度的客製化調整，而不是等學生考完試後，才碎碎念學生上課不是教過了。

經由上述等歷程，教師一察覺學生在某概念或知識點仍有迷思，就可以立即進行澄清說明、歸納統整，甚至立刻再次展開一個新的學思達循環來幫助學生學習，此步驟稱為「**教師統整**」。

所以當教師發現學生不當言行時，就可以在「學生自學、思考問題、小組討論」等階段好好處理，而不會像單向講述的課堂那樣陷入兩難情境；教師不但能遊刃有餘的與出現不當言行的學生進行對話，同時不致影響其他學生的學習權益，或耽誤了教師普遍關心的教學進度。

薩提爾模式的師生對話

教師應該如何與出現不當言行的學生對話呢？直接加以訓斥一番？或對學生長篇大論說道理？有沒有更好的方式呢？

這個更好的方式就是「薩提爾模式」的對話，也就是**以正向好奇的態度，透過簡短的核對與傾聽，最後再表達出教師的感受、想法或期待**，通常可以得到不錯的效果。

有一次，我的課堂正在進行小組討論，一位學生坐在原位，並沒有參與討論，態度有些意興闌珊。我發現時，直覺地開口指正他，沒想到他竟表現出憤怒的神情。看到學生情緒反應的當下，我立即警覺到自己又以慣性的指責姿態與學生互動。一覺察到自己的應對姿態後，我先刻意深呼吸，調整自己的內在，讓內在安頓下來。感受到情緒平穩後，我才請這位學生到講桌前，與我私下對話。

我問他：「怎麼了？我發現你有些生氣，發生什麼事嗎？」該生看到我不再表現出指責的姿態，才娓娓道出昨晚家人發生肢體衝突，他擔心家人情緒失控，所以整晚不敢睡，一直守著他們。可是剛才又被我指責，才會表現出生氣煩躁的表情。

學生的解釋，讓我理解他的處境。我隨後告訴他：「小毅（化名），謝謝你讓我知道昨天家裡發生的事，你這麼關心家人，一整晚沒睡，還願意來學校上課，真的很不容易。」我一說完，小毅的神情立刻柔和許多。回到座位後，他又一如以往積極地參與小組討論了。

不但如此，學思達課堂的「師生問答／學生表達」或「教師統整」階段一樣需要薩提爾模式的對話。舉例來說，學生在「師生問答／學生表達」階段，很可能會情緒高漲脫口而出罵了一句人身攻擊或有些挑釁的話，此時教師該如何回應呢？

「討好型」老師或許會忙著安撫受攻擊的一方，或者放低姿態拜託出言不遜的學生好好討論；「指責型」老師勃然大怒，中止討論；「打岔型」老師顧左右而言他；「超理智」老師對全班說教。不論如何，一場原本充滿活力的討論必然中斷。

熟悉薩提爾對話的教師，倘若內在仍然平和不受干擾，他會聚焦在學生的討論脈絡上，適時正向好奇，運用傾聽與核對等對話技巧，讓參與討論的學生情緒和觀點都被妥善接納和引導，而依然進行有品質的對話；至少也不會讓學生之間的衝突擴大。

很慶幸自己這幾年採取了學思達的上課方式，同時接觸到薩提爾的對話模式，讓我能夠更靠近學生與了解學生，進而讓師生關係更和諧，也讓課堂的教學品質更提升。

這也是我們為何持續到不同的城市或偏鄉帶領工作坊，讓更多老師認識「學思達與師生對話」的原因。

思考筆記

薩提爾女士用冰山隱喻一個人的內在，每個人的內在都有一座冰山。這座冰山由幾個層次所構成，如左圖：

行為

應對姿態

感受

觀點

期待

渴望

自我

還未接觸薩提爾對話模式時，我和學生的對話基本上都在水平面上的行為（事件／故事）部分進行，就算花了很多時間談話，學生的行為依然沒有太大改變，狀況仍是層出不窮，令人洩氣、沮喪。

行為

應對姿態

感受

觀點

期待

渴望

自我

如同前文中的小毅，我很可能只看到小毅上課不專心、不參與討論的行為，一逕給予指責，最後導致師生衝突。

在衝突的當下，我立即意識到自己正以慣性的指責方式（**應對姿態**）與學生互動，這是很重要的自我覺察。通常自我覺察是由看到學生的情緒（**感受**），或是自己的情緒（**感受**）而所觸發。崇建老師以打乒乓球譬喻對話關係，這個畫面對我產生很直接的影響。指責的應對姿態就像殺球，對方招架不住時容易惱羞成怒或者放棄互動。

當我指責小毅時，看到了他臉上憤怒的神情，與此同時我也覺察到自己的生氣。「感受」是探索內在的一道窗，唯有覺察到他人和自己的情緒，才有可能停頓，給彼此一些時間，不受情緒所控制。

於是，我以深呼吸的方式，調整自己的內在，也迅速探索自己和小毅的內在冰山。不以所見為憑，而是真正好奇小毅的狀態。回到水平面上的行為（事件／故事）部分，引導小毅多一點自我陳述，並且不斷的探索與核對，才能避免主觀臆測。

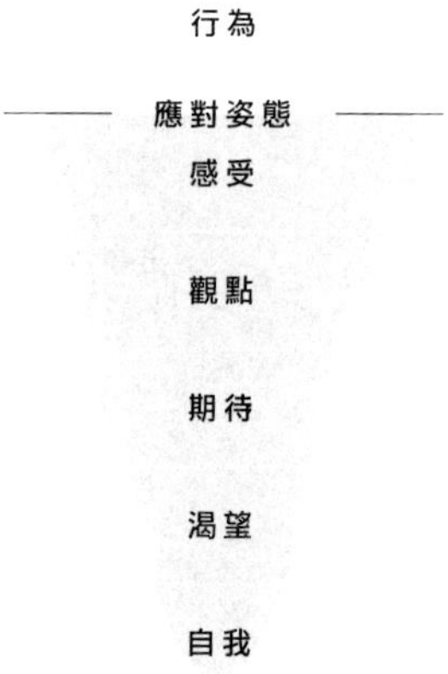

當我內在安頓後，語氣也顯得平和，彷彿打了一顆平穩的好球，小毅才能順利的接住這顆球，說出昨晚家裡所發生的事。在小毅的陳述中，我發現自己的觀點發生變化，不再將他的態度視為學習態度不佳，反而為小毅的處境感到心疼（**感受**）。

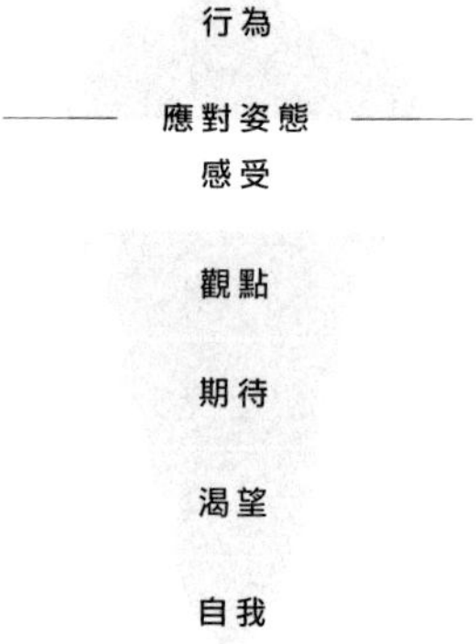

一旦我的觀點改變了，感受自然也產生變化——當我為小毅感到心疼，便不再以指責的應對姿態與小毅對話，小毅內心的痛苦和委屈也就自然流露。我看到了小毅的情緒、同情他的處境，對他的期待也隨之不同。我能夠以「交換期待」的角度，同理小毅的期待；我想小毅會希望老師能對他多一些關懷與接納，畢竟他是因為擔心家人而整晚未眠，才無法專心學習。

了解小毅的處境後，我能夠看到他善體人意、關心家人的良善性情，也看到他在身體不舒服的情況下，仍願意到校的認真態度。於是我連結他的渴望，肯定他的良善與認真。

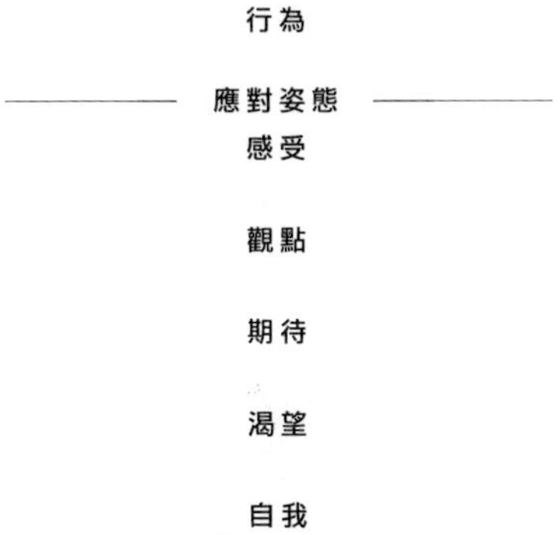

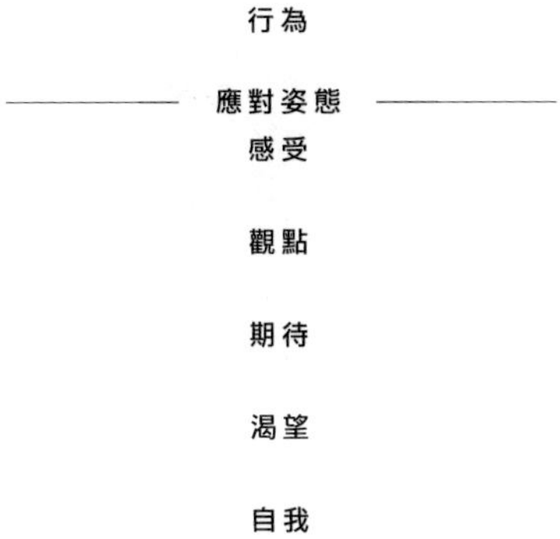

小毅聽到我的回應，神情不再憤怒，言詞不再辯解，臉上的線條柔和許多，並且願意投入小組討論。這是因為小毅從對話中，肯定了自我，由內在浮現了能量，順利的回到學習狀態上。

行為

應對姿態

感受

觀點

期待

渴望

自我

因為學習了薩提爾對話，我不只看見了水平面上的行為，更懂得深入水平面以下冰山各層次進行好奇與探索，避免了一場衝突，也安頓了自己與小毅的內在。

02

遇見學思達與薩提爾

琇芬

我期待引導學生自我探索，養成解決問題的能力和生命關懷的態度。學思達教學模式提供了良好的教學與學習架構，滿足了我對教師職務的期待；而薩提爾對話模式讓我能自我安頓，並以正向好奇的態度引導學生學習，將美善的教學期待落實在課堂上。

加拿大管理學家勞倫斯・彼得（Laurence J. Peter），於一九六九年出版《彼得原理》一書，他認為在「等級制度」中，每個職工會因個人的特質或表現而升級，直至他難以勝任的職位為止。

這個現象固然讓管理者省思晉升的考核制度如何更周全，同時也讓職工反思：工作的意義究竟在於職務的等級，還是職務的屬性？

從管理者的角度而言，必須充分理解職工的專業與能力，安排最適合的職務，以免成為組織的負擔。如何為組織找到各種職務的適合人選，取決於管理者平時與職工的互動，以及職工之間關係的連結。當職工皆能各擅所長，彼此之間不因職務而產生惡性競爭，才能為組織締造最大利益。

勞倫斯．彼得提出「彼得原理」，並不是否定「努力」的價值，而是揭出體系制度的問題。他讓人們看到升遷並非決定個人價值的唯一方向；了解自己適合在什麼位置，才能善盡職責，也獲得個人的成就與滿足。不該為了追求升遷，而陷入不適合自己、也讓生活不快樂的處境。

彼得原理又稱為「向上爬原理」，雖然是管理學理論，但放諸人生，亦能有所警示。想要透過體系達至晉升之道，尋求個人的價值，無異於緣木求魚。

體系的職務規劃有其發展目標，但體系的目標，與個人的人生目標若不相同，這條晉升之道將會把個人帶到迷惘之處。

我在博士班期間獲教授肯定，擔任某屆研究生學術研討會副總召，原以為是種榮耀，卻備受任務困頓所苦。於是在自我探索中接觸了「彼得原理」，意識到了學業成就並不等同於領導能力，我雖樂於學術的薰陶，卻不擅於人際的互動與管理。

換句話說，我能在博士的修業過程中從容展現研究能力，並不表示具備擔任副總召的管理能力。表面上，榮任副總召是「向上爬」的位階，但這個職位卻讓我陷入困境。

B咖出頭天

求學歷程中，我並非一帆風順的勝利組，早在青少年時期就因學業成績低落，於內心烙下自卑的陰影。不可諱言，教育的目的本為培養國民知識及情意的素養，但當學歷被視為個人成就或價值的表現時，許多人只求「升學」，反而忽略了「為何而學」！

我在升學體制中一路向上爬，即便遇到困頓與轉折，最終還是取得博士學位。但在向上爬的過程中，我只看到學歷的光環，忽略了專業學習才是建立個人價值的關鍵。更糟的是，只從學歷求得肯定，未能體悟「適性而學」，才是使一個人寧靜幸福的根源。

我在國中二年級時，因為學業平均分數表現不佳，被分入Ｂ段班，自我價值感陷落，拘囿於Ｂ咖的處境。

這處境固然來自學校的分級氛圍，也來自於父母的擔憂。高中聯考，成績不甚理想，父母希望我考五專，便糊里糊塗因為成績落點而就讀化學工程科。

我根本不喜歡理工，因此不知所學為何。唯一讓我想去學校的理由是為了好同學及社團活動。就這樣混了兩年，一年級的英文還被當。專三時，母親認為我每日搭火車上學太過辛苦，希望我轉學。

然而，當年轉學考必須先辦退學才能報考。於是「破斧沉舟」不再是書本裡的成語故事，而是成了生活中的真實境況。抱著考不上就沒學校可讀的憂慮，終於轉學到離家較近的五專，不過讀的仍是化學工程科。

換了一所五專，去學校的理由還是為了好同學及社團活動。直到三年級下學期，校刊社突然要我去領稿費，我一時愣住，不知道發生什麼事，領了稿費才了解，原來是國文老師推薦校刊刊登我在課堂上所寫的作文。

我向國文老師道謝時，老師讚美我作文寫得好，鼓勵我插班報考大學中國文學系。我不知道老師當時是認真的，還是隨口說說。但這個建議猶如一盞光明燈，照亮了我的前程。

原本以為五專將是我人生中最後一張學歷，沒想到竟還有「插班考」的升學制度。

此後，我開始認真讀書，思索未來。我的中文專業考科很強，但英文很破。五專畢業那年，南征北討數所大學，全敗在英文。

在父母的支持下，北上補習一年，好不容易考上靜宜女子大學。除了全班都是女生，有趣的是全班都是插班生。正因為有這麼多的名額，我才能以吊車尾的名次升級為大學生。

當時我並沒有意識到中文專業考科很強，於我有何用，我只在乎英文的成績能不能考好一點點。直到被推選為班級模範生，我才明白自己過往是一條被拋到岸上的魚，中文系原來是我的大海。

我終於得以泅泳在文學的大海裡，自由自在。於是我期待繼續在文學的海域中研究廣袤的世界，即便碩士班考試接連兩度因為英文成績不佳慘遭落榜，依然再接再厲。

大學畢業苦熬了兩年後，考上中山大學中國文學研究所，欣喜若狂。便這麼一路取得博士學位，爾後成為大學教師。

重新說回博士班時期，獲教授肯定擔任某屆研究生研討會副總召，為期半年的籌備過程屢遭困頓，我才發現自己缺乏領導者的特質，更發現學術專業不等於領導才能。

領導與管理，對我來說是岸上的世界，而我是屬於文學大海裡的生物。就在這時，我接觸了「彼得原理」，了解自己表面被「升級」到領導研究生的位階上，實際上並不能勝任這個職位。

過往我一直困在「學歷＝個人價值」的認知裡，以為文學的天賦能為我帶往更高的地方，卻誤以為「更高」是體制職位的高度。

在副總召的工作上，我看到了自己的局限；同時，也試著找尋人生的另一種可能。

教學的摸索

我的教學生涯始於博士班，站上講台，執起教鞭，鞭聲肅肅，氣勢洶洶。然而，洶洶的氣勢，撐不到半學期便委靡不振，教鞭像有千斤重，幾乎想要放棄。

博士班讀了九年，這九年天天在練「舉重」，左手舉的是「研究」，右手舉的是「教學」，幸而沒有放棄，練就了兩臂結實的專業肌肉。

專業肌肉雖有了，但虎背熊腰，學生看了就要怕的。師生之間的互動，磕磕絆絆，總覺費盡九牛二虎之力，教學成效仍如水面上的浮標起起伏伏。

取得博士學位後，接連兩年未能甄試上專任教師，成了「流浪博士」的一員，在各校兼任。爾後又逢少子化浪潮，各校師資員額縮減，再難尋覓正職教師缺額。

兼任前幾年，有種「妾身未明」的哀愁，學期中尚能領著微薄的鐘點費，寒暑假則成了無收入的高學歷知識分子。更可悲的是講述式的教學，得要說學逗唱樣樣精通，才能贏得學生的青睞。因而當時內在相當不安，若教得不好，就怕學生說一句：原來是兼任的！

回顧過往，內心的不安，其實並非源自「身分」，而是「教學專業能力」不足。大學、五專教師，只需要碩、博士學位，無須修讀教育學程。換句話說，許多大專教師並未受過教育專業的培訓歷程。當我意識到自己需要提升教學專業時，因緣際會下與進成相識。

進成也在中山大學攻讀政治研究所，同時研修教育學程。我參與了他主辦的教育心理學讀書會，從此在教學專業上相互切磋勉勵。

這一路摸索的歷程並不容易，即便我們勤於參與各種教學研習，但講師大部分仍以「講述」的方式，說明「創意教學」的理論。

一〇〇學年度，我尚在中山大學兼職時，參與了「教育部全校型中文閱讀書寫課程革新推動計畫」（以下簡稱「閱讀書寫課程計畫」）的申請事務，因而得知大學端少見的教學專業增能研習。

當中山大學的計畫申請案通過後，我雖有幸應聘為實踐大學應用中文學系的短期專任教師，卻因為離開中山大學而未能成為計畫的一員。

「閱讀書寫課程計畫」由靜宜大學陳明柔教授主持，全國有二十多所大學共同參與。當時，研究所同學美蘭在靜宜大學任職，並擔任計畫辦公室助理，透過她的協助，我才能以計畫外教師的身分到場聆聽。

於是二〇一一學年度自付交通費，往返高雄台中，旁聽「閱讀書寫課程計畫」所舉辦的每一場教學專業增能研習。直到一〇二學年度，實踐大學應用中文學系的計畫申請案也通過了，我才得以正式參與計畫研習。

這個計畫一直執行至一〇七學年度上學期，計畫辦公室所舉辦的每一場研習，我幾乎未曾缺席。或許是這份渴望教學提升的熱情被美蘭看到了，一〇四學年度在她的推薦下，我受邀成為該計畫的核心教師，因而結識了十四位來自其他大學的優秀教師，彼此在培訓的過程中相互提攜，結為情感深刻的成長夥伴。

教學路上的必然相逢

探索教學方式的歷程，走得緩慢也常受困，有如在荒原中開拓小徑。直到蒙受「閱讀書寫課程計畫」的栽培，猶如搭乘捷運，教學能力的提升從此快速躍升。

明柔老師是這輛課程革新捷運的舵手，每一次的研習就是一處教學增能的新站，我在其中飽覽各站風光並與共乘友伴交流，不亦樂乎。

與輝誠老師和崇建老師的相識，不是偶遇，而是在教學道路上的必然相逢。

二〇一四年三月，我和進成在靜宜大學參加「閱讀書寫課程計畫」所舉辦的經典教案工坊。當時張輝誠老師受邀演講，我們坐在第一排聆聽，深受感動。

演講後，進成神色激動，興奮的對我說，學思達就是他想要的教學法；觀、議課就是他想要的教師互動模式。隨後進成積極採用學思達教學法，並且開放教室，我則仍在觀望與學習。改變教學方法，對我而言需要更多時間的沉澱。

同年暑假，進成又著手策劃「學思達自主研習」，邀請翻轉教學有成的各校教師分享教學經驗。初時我以為這只是進成自發性的一頭熱，沒想到立即獲得高雄市福誠高中圖書館主任的支持，協助行政事務並提供場地。

於是學思達之路，進成勇往直前，而我緩步前行，至今也已走了五年。

我摸索得很慢，也遇到許多難以預料的狀況。學思達的教學模式，的確讓學生習慣自學、熱絡討論。可是學生的反應不一，意見頗為分歧，不同的班級有各自的問題，突發情況常令我精心備課的內容無法順利進行。

我生氣學生不求上進，枉費我認真備課；我懊惱自己課程引導不知所云，導致學生答非所問；我怨怪教室狹窄擁擠，無法順利實施分組活動；我焦慮活動時間太長，課堂秩序不受控制。

雖然授課方式改變了，但內心的不安並沒有因此降低。有時授課順利，頗有成就感；有時學生反應與預期不同，讓我更為煩躁。

內在的安頓

直到遇見崇建老師，接觸薩提爾對話模式，我才了解自己的內在發生了什麼事。我開始明白，那些負面情緒其實是一項訊息，反映出我內在的匱乏。我受到許多教師「應該」怎麼做的觀點所束縛，因而覺得自己不是一個好老師。

我雖然很努力，但自責沒有做得更好；我雖然做得很多，但自責沒有面面俱到；我雖然很用心，但自責怎麼還是出現狀況。我被這些自責層層束縛，看不見自己的優點。

學習薩提爾對話模式之後，我終於懂得肯定自我的價值，得從內在安頓做起。

已經忘記是在哪一天第一次聆聽崇建老師分享薩提爾對話模式，但清楚知道那是在「閱讀書寫計畫核心教師」的培訓工坊，進成以眷屬身分一同參與。

那天，崇建老師和一名老師在台前對話，許多人只是在一旁聆聽，卻都深受觸動而潸然落淚。進成哭得最慘，眼淚鼻水耗掉許多面紙，在桌上堆成一座白色的小山。工坊結束後，進成眼神閃著明亮的光彩，喜不自禁的對我說：「這是我想學的對話模式，我想要和學生這麼對話！」

於是我們開始追崇建老師的演講，進成開始閱讀一系列薩提爾的書。沒想到不久後，輝誠老師和崇建老師相遇相識，崇建老師在輝誠老師的邀請下，連續兩年為「學思達核心教師」培訓，我有幸因為進成的關係，得以參與這兩次的研習。

但我只是聽、只是學、只是用在自我探索；進成仍是衝在前頭，開始琢磨、思考如何用學思達的方式，將薩提爾對話模式轉化為課堂的師生對話。

進成的行動力驚人，進而在崇建老師的肯定及推薦下，從二〇一八年至今，舉辦了好幾場「學思達與師生對話」工作坊，我便跟著進成的腳步，加快了學習的速度。正因為必須分享，也才學得更快、更深入。

我開始懂得如何在冰山層次自我探索，體驗感受、觀點、期待與渴望對我的影響。我能夠覺察自己的情緒、探索情緒背後的原因；看到自己的觀點、慢慢鬆動觀點的束縛；釐清對自己的期待、對他人的期待以及他人對我的期待；發現自己的渴望，並試著與渴望連結，獲得內心的平靜。不知不覺中，我已經走上了另一條道路。

從羊腸小徑轉進陽關大道

在這條道路上，沒有職務的晉升，而是專業的深化；不求個人的表現，而是分享的快樂。另一方面，因為追求心靈的安頓，更懂得真誠的表達自我，也願意發展其他的可能。人生的成就與幸福，不是獲得更高的學歷，不是晉升更高的位階，亦不是頭銜的偉大，而是能明白自己的天賦，在適合自己的位置上，發揮最大的效能。職務或位置，並非一個人的價值評斷標準；自我探索、適才適所，才能發揮對體系最有助益的效能。

初執教時，我將學生不聽課視為不求上進，其實是我對教師的身分缺乏自信，沒有能力關心學生學習動機低落的原因；以學思達模式授課時，學生發生預期外的反應，我怪罪學生缺乏自律能力，其實是我不懂應對突發狀況，未能將學生的反應導入課程之中。

教師在授課過程中，心平氣和，師生互動則佳；教師受學生學習態度影響，內心煩亂，課堂氛圍亦會因此浮動。這並非意指薩提爾對話模式優於學思達教學模式，而是人性的本然反應。考場失利，常因為焦慮所致；表演失常，可能因為緊張所致；談判失敗，或許與得失心有關，皆是人性的自然現象。

面對教師這份職責，我期待能夠引導學生自我探索，以文學作品為媒介，培養閱讀理解的能力、建立思考推理的思維、習得自我表達的勇氣，最終從作者的省思及作品的意蘊，養成解決問題的方法和生命關懷的態度。學思達教學模式提供良好的教學與學習架構，滿足了我對教師職務的期待。

如何將上述美善的教學期待落實在課堂上？薩提爾對話模式讓我能自我安頓，並以正向好奇的態度引導學生學習，關注他們的學習歷程，也關心他們的學習情況。

在「學思達教學」與「薩提爾對話」雙軌並進的模式下，我的教學翻轉逐漸從一條羊腸小徑開展成為陽關大道。藉由這本書將教學經歷與心得化為文字，分享給正在閱讀的你。

思考筆記

我在大學任教，發現許多學生不明白自己的興趣，不曾認真思考自己的未來，而是聽從父母的建議或社會主流的聲音，選擇了看似有發展的學系，實則缺乏學習動力。

這些學生的處境與我求學歷程如此相似，為何過往非但不能同理他們，還經常予以苛責？一方面因為初任教師需要適應並面對不熟悉的職務，這已經令我疲於應對；另一方面，這一路走來所付出的努力與堅持的毅力，讓我產生「只要願意沒有做不到」的觀點，並以此來要求學生。

「優秀的學習者」，不必然成為「教學者」。「學習」是知識的熟悉與內化歷程，每個人的學習習慣不同，難以過渡給他人。「教學」則是將知識傳遞給他人的歷程，專業的教學者面對學習習慣不同的學習者，應能引導他們獲得有效的學習，從這個角度來看，「教學」是一項多麼艱巨的任務。

我以優異成績獲得碩士學歷，但那僅說明了我的學術研究能力。因此在博士班時期開始教學，就像不會游泳卻直接跳入大海般，載浮載沉。幸而在這段載浮載沉的歲月裡，沒有放棄，才練就了一身游泳的本事。

如果你也正泅泳在名為「教師」的大海裡，這本書或許像一枚救生圈，希望能成為支持你的一股力量。

03 我打開了教室的門——共學社群與社群帶領

進成

「交易遊戲」的三個階段，彷彿我教學十幾年來真實的轉變歷程。在帶領教師成長工作坊時，我也經常透過「交易遊戲」的體驗，讓更多教師了解為何需要改變教學，以及為何需要進行社群共備。

「交易遊戲」是我在二〇一七年參加「公民教師樂遊經濟冬令營」所學到的活動。當營隊帶領完此活動，學員漸漸離開大講堂時，我的視線卻被黑板上的「遊戲計分表」深深吸引，佇足停留許久後，拍下一張照片才離開。

這個遊戲原本的目的是要讓學習者了解公民學科中的國際貿易的意義與限制，但我也從遊戲中看見人與人之間增加對話的意義與必要，因此我將交易遊戲轉化為課堂經營的活動，在公民課時引導學生體驗與反思，了解學思達教學採用分組方式上課的原因與意義。

以下是我帶領學生進行交易遊戲的過程。

進行遊戲前分組，每組二至四人，盡可能分成偶數組（如分成十組、十二組或十四組，不宜少於八組），以便於遊戲的進行。

遊戲進行時，由教師擔任主持人，可安排一至兩位學生擔任助手，協助記分或發放相關道具。以二十六人的班級為例，可分為十二組，每組兩人，餘兩位學生擔任助手。

分組確定後，教師才講解規則，確保學生能認真聆聽。遊戲規則如下：

1 遊戲共三個回合。

2 每一回合各組須完成一種最佳花色的組合，以換取得分。

3 遊戲過程中不得強迫對方交易，完成交易後不得反悔。

遊戲須準備兩副撲克牌，充分洗勻備用。遊戲開始，每組領取八張隨機分配的撲克牌，例如活動分為十組，則將牌卡分為十疊，每疊八張，其餘牌卡另外放置，不能與活動使用的牌卡相混。

教師將每疊牌卡背面朝上，放在講桌上，請各組組長到台前領回一疊牌卡。遊戲過程由教師主持。

遊戲融入課程的影響力

老師——各組組長請確實執行老師的指令。首先，遊戲一開始，避免被其他組知道你們拿到哪些牌。遊戲第一回合「自給自足」即將開始，請各組從自己小組所擁有的八張撲克牌中，依照投影布上的得分規則（參考下表），選出五張最佳組合。排列出符合規則的任一款組合，

「交易遊戲」得分規則

組合名稱	規則	得分
同花	五張牌都屬於同一花色	10
葫蘆	五張牌有三張同號，另兩張同號	20
順	五張牌連號（如：QKA23也算）	30
鐵支	四張牌同號，再搭配任何一張牌	40
同花順	五張牌連號且屬於同一花色	50

就可以換取相對應的得分。現在，你們有一分鐘的時間進行判斷。

老師——時間到！請各組回報第一回合的得分。第一組〇分，第二組也是〇分，第三組是……

各組回報得分的同時，也請擔任助手的學生將得分寫在黑板上，或記錄在電腦的Excel表格裡（如下表所示）。當各組的分數呈現在全班面前時，教師必須引導學生根據數據進行思考。

老師——各組手中的八張牌牌組，對應現實生活，有何意義？

交易遊戲計分表（第一回合）

組別	一	二	三	四	五	六	七	八	九	十	十一	十二
第一回合	0	0	0	0	0	30	30	30	0	0	20	0
第二回合												
第三回合												
總分												

一聽到這個問題，各組開始熱絡討論起來。教師可邀請學生分享。

小傑　各組的分數落差很大，就像有人一出生就含著金湯匙，有人一出生卻是低收入戶。

老師　還有嗎？

美美　這代表我們還有努力的空間。

老師　哇！好正向的思考。還有其他小組想分享的嗎？

玉芳　有分數的組別比較少，就像幸運的人比較少。

老師　玉芳的發現非常值得參考。接下來我們進行第二回合的遊戲「配對交易」。相鄰兩組配對，各組只能與配對的那一組交易。例如第一組只能和第二組進行交易，第三組只能和第四組交易……以此類推。你們可以自行決定如何交易，只要雙方都能接受就好，但請遵守「對等原則」：每一張牌只能換對方一張撲克牌。交易後，一樣不能後悔。交易時間是三分鐘，請開始。

配對交易時，有些組別只挑選出不要的牌和對方交易，有些組別則將所有牌卡攤在桌面，討論後才交易。

老師　**好，時間到！現在開始計分。第一組〇分，第二組也是〇分，第三組是……**

老師　**在第二回合的交易活動中，你們是如何交易的？有獲利嗎？根據計分表看來，第十一組的得分最高，老師很好奇交易的時候發生了什麼事，讓你們的得分都增加了呢？**

阿源　我們把所有牌卡攤開來，從所有牌卡中找到兩種最佳組合，所以兩組都獲得不錯的分數。

老師　**原來是這樣啊！是誰建議把牌都攤出來的呢？**

阿源　是我建議的。因為小媛那一組

交易遊戲計分表（第二回合）

組別	一	二	三	四	五	六	七	八	九	十	十一	十二
第一回合	0	0	0	0	0	30	30	30	0	0	20	0
第二回合	0	0	20	0	0	30	30	30	10	20	40	30
第三回合												
總分												

（十二組）在第一回合的時候搞不清楚遊戲規則，所以和我們交易時，請我們幫忙，我建議把牌都翻出來，順便告訴他們組合規則。

老師——阿源，老師很欣賞你願意協助同學，而且從你們兩組的得分來看，似乎因為這個決定而獲得很大的利益。

有其他組別也是和阿源他們一樣，把全部的牌都攤出來，一起討論如何交易的嗎？

小瑛——老師，我們也是把全部的牌翻開來交易。不過我們的得分不像阿源他們那麼多。

老師——噢！你們是第九和第十組嗎？小瑛，你怎麼理解你們得分的情形呢？

小瑛——第一回合我們都沒有得分，可能是牌運不好吧！

老師——你覺得是牌運不好啊！所以對於第二回合的得分，你不滿意，是嗎？

小瑛——本來覺得得分有點少，可是看到還有四組沒得分，我們就覺得十分不錯了。

老師——在比較後，就覺得有得分就很好了，是嗎？

小瑛——是啊！這就叫做「比上不足，比下有餘」。（全班都笑了）

老師——接下來我想要問第一組和第二組，你們的交易是怎麼進行的呢？

阿尼——我們先問對方有沒有黑桃三，他們說沒有，我們又問他們有沒有方塊九，他們又說沒有，我們又問……

老師——**阿尼，老師重複一下你的意思。你是指你們兩組並沒有讓對方知道自己手中有什麼數字和花色，而是直接問對方有沒有你們需要的牌卡，是嗎？**

阿尼——是啊！

老師——**你們這麼決定的原因是什麼呢？**

阿尼——玩撲克牌遊戲時，不是都不能看別人的牌嗎？我們以為這次也是一樣的規則。

老師——**原來你們以過去玩撲克牌的經驗，來理解這個活動嗎？**

阿尼——對啊！老師你又沒有說可以攤開來看。

老師——**老師的確沒有說可以攤開來看，但也沒有說不可以讓對方看啊！所以阿尼聽到其他組同學把牌攤開來交易，會想改變交易方法嗎？**

阿尼——當然會啊！

老師——**好啊！我們還有第三回合的機會。**

透過上述師生問答，引導學生注意到交易的方式對於得分的影響，教師也可以從中了解學生在活動中的反應與如何做決定。

老師　**好，接下來第三回合是「自由交易」。各組可以自由選擇和教室內任何一組或多組進行交易。交易次數沒有限制，但一樣必須遵守對等原則，一張撲克牌只能換對方一張撲克牌。交易後不能後悔。交易時間是五分鐘，請開始。**

這時，只見教室彷彿變成紐約證券交易所，學生此起彼落的高喊有沒有人想和我們交換？有沒有人有某張牌？但也有少數學生坐在原處，觀望同學的互動。

五分鐘一到，請各組回報得分，並統計總分。最後這一階段，我邀請全班

交易遊戲計分表（第三回合）

組別	一	二	三	四	五	六	七	八	九	十	十一	十二
第一回合	0	0	0	0	0	30	30	30	0	0	20	0
第二回合	0	0	20	0	0	30	30	30	10	20	40	30
第三回合	50	50	40	50	40	50	50	50	50	50	40	30
總分	50	50	60	50	40	110	110	110	60	70	100	60

仔細觀察這張表格並比較各回合分數變動的趨勢，詢問全班從計分表中看到什麼？

小瑞　第一回合就得分的小組，後來都是最高分的。

老師　還有嗎？小瑞還有發現什麼？

小瑞　每一組的分數都增加了。

聽到小瑞回答的當下，我的反應如同第一次參與交易遊戲後，看到得分總表的時候一樣激動，全身起了雞皮疙瘩。沒想到小瑞也看到了這個現象，但我好奇小瑞是如何理解這個變化，所以繼續追問。

老師　是的，每一組的分數都增加了。你認為這些增加的得分是怎麼來的？剛剛我們做了什麼事？為何大家的得分都提高了？

小瑞　老師，我知道了。我們進行了自由交易。

老師　很好，請再多說一點。

小瑞　每一組可以自由和任何一組進行交易，所以每一組的分數都提高了。

老師——還有人想補充嗎？

阿民——原本沒有辦法配對的牌，因為選擇變多了，就更容易配對了。

老師——太好了！現在請各組思考三分鐘，遊戲的過程和結果讓你聯想到什麼？小組討論後，將你們的想法寫在小白板上。……好，時間差不多了，請各組秀出答案來。

我觀看各組小白板上的答案，分別有「交易的好處」、「要主動積極」、「不要輕易放棄」、「要多交朋友」、「要跨出舒適圈」、「分工合作」、「向專家學習」、「資源交流」……我一一念出各組的想法。

老師——大家的想法都很有意義，還有人想補充嗎？

阿源——老師，我發現每一張牌其實都很重要。只要找到需要的人，它都有價值。

老師——阿源的想法太重要了！謝謝你和大家分享這麼精采的發現。這正是我想透過交易遊戲和大家分享的觀念。

老師之所以要改變教學，進行學思達教學，就是希望每個人的想法都有機會被看見、被重視。

每個人都是重要的，每個人的想法或言語都是有意義的。但如何才能被看見？需要課堂上的對話，需要你願意主動分享，當然也需要彼此的積極聆聽。就像交易遊戲一樣，如果我們都選擇自給自足，不願意和別人互動，那麼我們的成長就會很有限；但如果我們願意多和他人互動和交流，自己手中原本以為不起眼的牌卡、想法或言語，其實很可能讓其他人獲得很大的啟發和成長。

學生聽完我的分享，眼神似乎都亮起來了，與我當初一樣，格外專注的看著黑板上的計分表。

突破框架的教學轉化力

在帶領教師成長工作坊時，我也經常透過「交易遊戲」的體驗，讓更多教師了解為何需要改變教學，以及為何需要進行社群共備。

以專業提升型態來類比交易遊戲三階段，第一回合的「自給自足」就像教師自己在課堂中授課，只能根據過往的經驗調整教學，不但改變有限，遇到困境也常不知如何解決。

第二回合的「配對交易」有如校內研習，教師們或者與同事切磋教學心得，或者邀請講師到校分享教學方法，雖然已能透過交流學習到他人的教學經驗，但資源仍然有限，成長也相對受限。

第三回合的「自由交易」便是主動積極參與校外研習，與不同學校、不同學科的教師相互交流，聆聽到更多元的講師所分享的教學實務或理論，提升自身教學專業知能。

對我來說，「交易遊戲」的三個階段，彷彿我教學十幾年來真實的轉變歷程。十幾年前一進入教職，我就渴望提升教學能力，曾主動和校內同事提議相互共備與觀課。或許我太過積極，人際應對又較急躁，無法與同事取得共識，只好閉門造車，專業成長非常有限。

直到二〇一四年三月在靜宜大學聆聽輝誠老師的演講，茅塞頓開。輝誠老師提到他主動開啟教室大門邀請外校老師前往觀課，這段話為我的教學生涯打開一扇窗，當下彷若被一道電流由頭頂注入身體，我驚喜的在心中吶喊：「對啊！我怎麼沒想到呢？」如果校內無法進行共備和觀、議課，為何自己不主動打開教室，歡迎外校老師來觀、議課呢？

從輝誠老師的演講中，我深刻理解到：「一個人能做多少事，往往是自己的觀念框架了自己，而不是他人的阻撓。」

輝誠老師的行動與實踐讓我突破框架。聽了輝誠老師的演講一個月後，我決定開放教室，在臉書平台邀請校外老師來我的教室觀、議課。我並非好為人師，當時的教學也並不穩定，只是非常享受經驗交流的過程，在開放觀課後我反而成長更快、學習更多。

或許因為終於找到教學的新路徑，二〇一四年僅憑一腔熱血在臉書公開想要舉辦「學思達自主研習」，詢問有沒有學校願意免費提供場地，畢竟我的教室又小又熱，實在不適合在炎熱的暑假舉行教師研習活動。

沒想到福誠高中竟然主動表示願意提供學校圖書館的閱覽室，並且還申請了講師費，讓「學思達自主研習」成功舉辦了十場活動（每場三小時），平均每場都有三十位以上的教師參加。

二〇一四年暑假是我教學生涯的轉捩點，我發現自己並不孤獨，台灣有這麼多渴望教學成長的老師，只是缺乏一個可以互相連結的平台。於是當輝誠老師邀請我在臉書成立學思達教學社群*後，我義不容辭接下這個任務。

---

*學思達教學社群
https://bit.ly/34x1aID

學思達教學社群成立後，在短短幾年間匯聚了許多有心改善教學及尋找資源的老師，如今社團成員已經超過六萬人而且不斷增加，包括我在內的學思達核心教師經常在此公告各種工作坊的消息，每每一開放報名馬上額滿，可見國內教師多麼渴望進修成長。

我們的工作坊多半是在週休二日舉辦，卻仍額滿且候補者甚多，這些踴躍參加教師增能研習的現象是由政府教育當局舉辦的研習難以相比的，甚至是政府部門難以想像的情況。

從高雄的十場「學思達自主研習」，以及成立「學思達教學社群」，讓我相信社群的帶領並不困難，難的是我們願不願意相信自己並主動積極向前跨一步。

不斷前進的原因

二〇一四年，琇芬受邀成為教育部「閱讀書寫課程計畫」的核心教師，我有幸以眷屬身分參加了幾場研習，其中「短講培訓」與「薩提爾對話」對我啟迪最大。

於是二〇一五年二月，我運用所學舉辦了「學思達短講」，邀請十二位老師，每人以十二分鐘分享教學的心得。這次又是在臉書上詢問哪所學校願意免費提供場地，很快的有好幾所學校與我接洽，其中以高雄市瑞祥高中最為積極，提供國際會議廳並動員校內教師、學生擔任志工，共襄盛舉。

二〇一五年七月，高雄市永安國中邀請我和其他學思達夥伴，協助舉辦為期三天的夏令營，由學思達老師擔任講師。這場夏令營特殊之處有兩項：其一，教學對象為國小即將升上國一的三十位學生；其二，我們結合教師研習，開放教室後方讓其他外校老師前來觀課，了解如何進行學思達教學。觀課的老師竟比學生還多，教室後方坐不下，最後還將教室窗戶拆下來，讓坐在走廊的老師也能觀課。

朋友笑我沒有定性，因為每一年我舉辦的活動都會有些不同。然而，我只要看到、學到新的教學策略，便興奮得難以自抑，常常拉著琇芬談論未來還可以舉辦哪些研習活動，讓更多老師一起共學成長。

二〇一六年六月，在參加人本教育基金會主辦的「種子教師營」之後，發現來自不同學科的教師同為一組，具有「他山之石」的功效，於是我又發想了「外行人磨課坊」，後來這個想法由高雄市教師職業工會支援並統籌策劃。

「外行人」意指不同學科的老師共聚一堂，輪流分享自己的教案，由其他老師給予回饋。同學科老師共備，往往說的都是「行話」，不容易看到課程的盲點；不同學科相互切磋，便能從外行人的角度給予回應，讓教學內容可以更貼近學生的理解。

回顧自己的教學歷程，是什麼動力讓我可以走上學思達與薩提爾的這條道路呢？我想應該來自於求學期間便養成的習慣——組織自己很感興趣的主題讀書會，不斷在討論與提問中，激盪出思想的火花。

學生時期如此，成為教師之後這項習慣幫助我走出自己的學校，走入不同的團體與領域，源源不斷地受到各式各樣的啟發。

但是，只是學習、受到啟發，尚不足以付諸行動。

讓我得以每年執行不同型態的教學研習，關鍵在於「轉化」的能力。換句話說，**如何將學習到的知識或活動，轉化為適合自己的學科，或者適合教學的場域，而不是原封不動的移植**，是我之所以能不斷前進的重要原因。

當時「外行人磨課坊」每兩個月定期舉辦，許多公民教師在此相遇相識，累積了一定默契和信任。一年後，我在學思達後援會的經費支持下，成立了「公民教學社群」*，推動更為深化的專業教學知能。持續至今已辦理了十多場的專業社群共備，讓更多關心公民教學以及想了解如何製作學思達講義的老師，可以藉由這個社群進行對話與交流。

除了帶領上述的各種工作坊和專業社群，後來我更刻意邀請學思達核心夥伴共同帶領工作坊，期待能培訓更多種子教師來推廣學思達與師生對話。

這些夥伴如今都能獨當一面，也常受邀到各地分享經驗，進而帶領工作坊。在學思達後援會的支持下，這種陪伴與引導的模式即將用於未來培訓學思達新秀教師，期待他們日後也能各自發展，讓學思達與師生對話模式，逐漸成為每間教室課堂上美好的風景。

思考筆記

一路走來，並不是刻意組織社群，而是為了自己的成長；不是為了成為帶領者，而是希望找到在教學成長道路上同行的夥伴。初衷是為了教學專業能力上的「自利」，但在學習與分享的過程中，卻產生「自利利人」的結果。

正如「交易遊戲」的三回合階段，我從「自給自足」的自學階段，因為渴望成長而跨出學校，締結校外許多志同道合的教師夥伴；接著，因為樂於交流專業知能而成立社

＊公民教學社群
https://bit.ly/2TnjOAR

群、辦理自主研習，獲得許多學校的支持，這個歷程就像「配對交易」一般，雖然主動徵詢，但仍屬被動配合階段。

「學思達後援會」成立後，我和琇芬獲得輝誠老師的重視與支持，得以更加自在的推廣學思達教學工作坊；同時因為崇建老師的肯定與鼓勵，得以在師生對話的分享中，提升自我安頓的能量，也讓更多老師學習如何自我安頓。

一旦教師能夠打開教室的門，走出自己的校園，與他校教師交流，向校外專業人士學習，便像「交易遊戲」的最後階段「自由交易」，人人都可以既是學習者又是分享者，達到全體共學共好的良善循環。

PART

學思達課程設計

一旦教師能夠打開教室的門，走出自己的校園，
與他校教師交流，向校外專業人士學習，
人人都可以既是學習者又是分享者，
達到全體共學共好的良善循環。

01

課堂暖身，活化教學——寓教於樂的「高手過招」

琇芬

我通常會在開學第一週帶領「高手過招」的活動，一來可以熱絡課堂氛圍，讓學生對這門課程產生銘記效果；二則讓學生明白，學習不只是讀與寫，思考、判斷與表達也是應該具備的能力。

「請各位同學起立，把椅子靠入桌子。在教室裡自由行走三十步。行走時可以觀察一下教室，哪些地方是你熟悉的？哪些地方從未注意過？也可以看看經過你身旁的同學，用微笑與他們打招呼。有注意到自己走路的姿態、速度嗎？你是跟著大家的方向走，還是走出自己獨特的步伐？走完三十步，請停在原地。」

「就近找一個夥伴，兩人一組。……找到夥伴，準備好了嗎？」

「接下來，布幕會出現一些文字或圖片，看到布幕上的訊息後，誰先說出答案，就獲勝。一起說出答案時，哪一位同學說得更完整，才獲勝。如果兩個人都不知道答案，誰能說出一番道理，說服對方，就算獲勝。」

學生屏息以待，每一雙眼睛都緊盯著布幕。接著布幕上映出一支茅草、一根木頭、一塊紅磚，以及一隻動物的剪影。隨即課堂上哄鬧不已，尖叫聲、扯脖子的嚷嚷聲、語速急促的說話聲、哀鳴的沮喪聲……像聲波炸彈般，幾乎要把教室的屋頂掀翻。

A組：

「啊，我知道……是……那個……那個……」

「三隻小豬！我先說，我贏了！」

B組：

「三隻小豬！啊，那個……那個……」

「三隻小豬！大哥用茅草蓋房子、二哥用木頭蓋房子、小弟用磚頭蓋房子，那個剪影是大野狼。耶，我贏了！」

C組：

「……那個……這是一個和狼有關的故事……」

「……這應該是童話故事，好像和野狼有關。」

「嗯！我也覺得是童話故事……」

「我認為這三個東西要表達不同的觀點，可能和角色的個性有關……」

「嗯……好吧！這場算你贏了，我實在想不出任何關聯。」

「好，時間到，分出勝負了嗎？請大家把手中的撲克牌翻開，贏的人可以拿走數字較大的那一張。」指令宣布後，又是一片嘰嘰喳喳的嘈雜聲，有興奮、有哀嘆、有驚喜、有鬆一口氣，彷彿各種情緒都在此時呈現出來。

「接下來，請在教室裡走十五步，然後找一位沒交手過的同學，兩人一組。……找到夥伴，準備好了嗎？來，請大家看向布幕，當下一張線索出來後，誰先說出答案，就獲勝。三、二、一！」

這是「高手過招」的活動現場，無論參加的成員是哪些人，總是充滿歡樂、開放、熱絡與專注。

觸發學生多元表現

「高手過招」很適合作為暖身活動，除了炒熱氣氛，還蘊含多元評量的效果。

一個班級的學生，往往個性殊異，秉賦不同。有些學生內向平穩，課堂中安分聽講，準時繳交作業；有些學生活潑機靈，課堂中踴躍發言，但作業成績不及口頭表現；有些學生聰明善辯，舉一反三，但到課率低，習作不是遲交就是缺繳，每到學期末常為了是否讓他及格而左右為難；有些學生雖然坐在課堂，但心不在焉，答非所問，作業應付了事，成績只求及格。

然而，這僅是從課業學習來評定學生的學習態度與成果，若要衡量一個人的價值，課業成就並非唯一選項。若能在教學中，觸發學生多元表現，課堂的風貌將能超乎想像。

為使課堂熱絡，提升學習動機，進而觸發多元表現，小組成員的安排具有一定程度的影響力。如何讓小組成員中，均質安排閱讀理解力強、口語表達力高、想像創意力佳的學生，讓他們帶動學習能力低的組員？「高手過招」是一項有趣又有鑑別度的分組活動。

「高手過招」的原型是在許榮哲老師所主持的桌遊研習營裡學來的，我將之轉化在不同的課程中，是一項能成功營造學習氣氛的暖身活動。

我通常在開學第一週帶領「高手過招」的活動，一來可以熱絡課堂氛圍，讓學生對這門課程產生銘記效果，二則讓學生明白，學習不只是讀與寫，思考、判斷與表達也是應該具備的能力。

高手過招以撲克牌為道具，數字最大者為K，最小者為A；花色大小依序為黑桃→紅心→方塊→梅花。遊戲方式簡述如下：

1 教師將撲克牌由大到小，依序取出與班級人數相同的張數。
2 隨機發給每位學生一張撲克牌，學生領到牌卡後必須蓋在手心，不讓別人看見。
3 全班起立，將椅子靠入桌子，保持教室行動空間。
4 讓學生在教室自由行走三十步，離開熟悉的夥伴，然後找到一位夥伴，兩兩一組。
5 確定所有學生皆找到夥伴後，請大家看向投影布幕。
6 當布幕放映出提示圖片或文字時，最先說出答案者，勝。
7 若兩人同時說出答案，則能夠更詳細或完整的說出答案內容者，勝。
8 若兩人皆不知道答案，那麼能夠根據圖片或文字，說出合理的邏輯者，勝。
9 勝負已確定後，兩人揭示手中的牌卡，勝利者可以拿走數字較大的牌卡（當勝利者手中的牌卡數字較大，不用換牌；若勝利者手中的牌卡數字較小，則可以和對方交換牌卡）。

10 在進行下一回合的比賽前，再請學生自由行走十五步（教師可自行決定步數），然後找一位還未交手過的同學，兩兩一組。

11 依照步驟5至10的過程，進行數回合（教師可依課程時間，決定回合）。

12 經過數回合的比賽，獲勝次數愈多者，手中的牌卡數字將（可能）愈換愈大。

一般而言，比賽結束後學生手中牌卡數字、花色的大小，除了反映出課程的熟悉及了解程度，也與學生的個性及反應力有關。

獲勝的主要條件是「反應快」，所以個性活潑、反應快的學生較易獲勝。其次，對課程內容的熟悉度，也是決定勝負的主因，因此該課程基礎知識佳、表達能力好的學生，也較易獲勝。另有一些聰穎機巧的學生，善於在遊戲中取得先機，或者舌粲蓮花地唬住對手，也容易因勢獲勝。

無論哪一種原因獲勝，這些學生都能為小組帶來正能量，因此透過遊戲篩檢出擁有這類特質的學生，並適當安排於各組之中，將有助於小組討論的進行。

考驗教師引導能力

當課程進行分組討論時，教師不易掌握各組討論的進度與氣氛，因此組長的表現對於課堂的品質具有關鍵性的影響。

「高手過招」的活動除了觸發學生多元表現，亦能因為遊戲規則的篩檢機制，為教師找到課堂的小助手。

活動中獲得較大的數字牌卡者，通常是個性活潑、反應快，或對課程內容的熟悉度較佳的學生，很適合擔任組長。在他們的帶領下，較能帶領同儕互動，提升學習成效。

為了讓各組組員特質分配平均，遊戲結束後，可以運用S型方式進行分組，依據學生手上牌卡數字及花色的順序安排。下頁表格以八組為例，從排序最大的黑桃K開始，依循S型順序安排各組組員。

「高手過招」遊戲規則不難，題目也可依教師授課內容決定。活動進行時，教師只需主持活動的節奏，但當學生的反應超出預期，例如開始喧嘩、找不到夥伴、對於誰勝誰負有所爭議時，則考驗著教師的主持及引導能力。

整體而言，「高手過招」可以快速炒熱課堂氣氛，然而風險是學生的反應難以預期。

而這就是教師不願嘗試教學活動的可能原因之一。畢竟講述的方式，較易掌握課程內容及進度，即便部分學生反應不佳，課程還是能依教師期待順利進行。

然而講述式教學，學生的學習成效大多反映在「聽」、「讀」或「寫」的狀態，較缺乏「表達」的機會，因而擅長表達的學生，也就無法獲得相對應的學習成就。

想在課堂中帶領活動，教師需要強大的心靈能量。當學生的反應超乎預期時，教師如果可以安頓好自己的情緒，便是教學品質最大的保障。若學思達是外功，那麼薩提爾便是內力了。

教師對於課堂的喧嘩接受度有多高？意味著教學方法的彈性有多大、師生應對的能力有多靈活。

當教師感嘆學生像一塊塊墓碑立在台下，不學習、沒反應時，不妨設計一些活動，讓學生動一動，或許可以激發課程的參與，提升學習的好奇心。

以S型方式分組示例

組別	第一組	第二組	第三組	第四組	第五組	第六組	第七組	第八組
組員所持牌卡	黑桃K	紅心K	方塊K	梅花K	黑桃Q	紅心Q	方塊Q	梅花Q
	梅花10	方塊10	紅心10	黑桃10	梅花J	方塊J	紅心J	黑桃J
	黑桃9	紅心9	方塊9	梅花9	黑桃8	紅心8	方塊8	梅花8
	梅花6	方塊6	紅心6	黑桃6	梅花7	方塊7	紅心7	黑桃7
	黑桃5	紅心5	方塊5	梅花5	黑桃4	紅心4	方塊4	梅花4

思考筆記

「高手過招」的題目可依活動目的、各科屬性或課程內容命題。

例如我在「桌遊與文學」的第一堂課帶學生玩「高手過招」，挑選九款桌遊照片：「大富翁」、「妙語說書人」、「狼人」、「卡卡頌」、「阿瓦隆」、「卡坦島」、「皇輿爭霸」、「三國殺」、「閃靈快手」。一方面了解學生玩桌遊的經驗，一方面簡要介紹這九款桌遊的遊戲機制。

又如國文期中考後，挑出期中考前上過的課程重點設計題目。一方面了解學生的學習理解程度，一方面可說明下半學期課程的銜接脈絡。

我另有兩門小說課程，以小說角色、作者、場景、事件等為題。開學第一週，可以了解學生的先備知識；第九週以後，可以了解學生的學習狀況。

寓教於樂，是教師轉化遊戲機制、活化教學的一種方法，每學期運用一至兩次，可以讓課堂氛圍清新有活力，不妨一試。

02

遊戲，不只是遊戲——層次分明的焦點討論法

「彩券遊戲」的原始教學目的，是為了說明「機率」的概念。我將這個活動轉化並符合「核心」、「具體」與「意外」三要素，常用於教師社群的帶領，讓學員透過遊戲的體驗，理解什麼是「情境課程」。

進成

二〇一七年，中央大學經濟系鄭保志教授以「玩遊戲，學經濟」為主題，帶領一群由經濟系師生組成的專業團隊，舉辦「公民教師樂遊經濟冬令營」。我在這個營隊中接觸到許多啟發學習興趣的經濟學遊戲，並對這些遊戲著迷不已。

透過這些精心設計的遊戲，參與者從中學習到許多重要的經濟學概念，是寓教於樂的最佳範例。其中一款遊戲，我將之轉化為一堂情境課程，命名為「彩券遊戲」。

「彩券遊戲」的進行方式如下：

1 主持人根據現場人數多寡決定數字範圍，基本上人數宜少於或等於數字範圍。例如現場有四十人左右，數字範圍可限於正整數1至50之間。

2 宣告遊戲「獲勝條件」為現場參與者所寫的數字中「最小且唯一的正整數」。

3 請現場參與者於主持人所決定的數字範圍中，自行判斷哪一個正整數可能是現場最小且唯一的數字，並寫在紙上，這就是每個人手中的「彩券」。先不要討論，也不要讓其他人看見自己寫的數字。

4 所有人都寫好後，請大家將寫好的數字和左右鄰居交換查閱，確定彼此寫下的數字，也確保不會更改。

5 主持人「開獎」時，從最小的正整數「1」開始，請書寫這個數字的人舉手。若全場只有一人舉手，那麼書寫「1」的人就中獎了；若書寫「1」的超過兩人舉手，並不算中獎，因為「1」雖然最小，卻不是現場唯一的一位。接著主持人從「2」繼續開獎，以此類推，直到某個數字只有一位參與者書寫，此人便是遊戲的贏家。

「彩券遊戲」深深令我著迷，因為它完全符合情境教學的三個要素：核心、具體與意外。

情境課程的要素

「核心」是指活動設計或課程安排要能符合教學者預設的教學目標，才不致「為活動而活動」，淪為一場看似熱鬧，學生卻不明白學習重點的課程。

「具體」是強調課程的安排必須簡明、易懂，教材內容必須讓學生通透明白。使用貼近學習者的語言來設計課程、活動或講義，盡可能讓全體學習者能自學與思考，如此亦能增加學習者的參與意願。

「意外」是指設計課程亮點或引發好奇的效果，吸引學習者的注意。一般來說，最容易製造「意外」的方法就是設計「好的提問」，其次是運用適當媒材或設計課程的轉折，讓學習者在參與的過程中產生驚訝或恍然大悟的效果。

「彩券遊戲」的原始教學目的，是為了說明「機率」的概念。我將這個活動轉化並符合「核心」、「具體」與「意外」三要素，常用於教師社群的帶領，讓學員透過遊戲的體驗，理解什麼是「情境課程」。

以一堂五十分鐘的課程為例，一開始講解遊戲規則，並告知獲勝獎品後，就請學員找一張紙寫下自己認為最可能中獎的數字。確認全體學員都寫好數字後，就馬上開獎。

往往遊戲一開始便已成功吸引多數成員的注意，課堂中瀰漫著好奇、有趣及迫不及待的氛圍，反映出這個遊戲已經具有「意外」的情境要素。

至於「具體」的情境要素，展現在簡單的遊戲規則中。參與者只需要寫下一個數字，就可以立即驗證能否中獎。規則簡明易懂，參與的門檻很低，使人樂於投入。

彩券遊戲的「核心」要素則是藉由遊戲過程，引導學員初步理解什麼是情境課程，以及情境課程能帶來什麼教學效果。

課程的設計若能符合「核心」、「具體」及「意外」三要素，便能吸引學員主動投入課程，並積極參與其中。

焦點討論法的運用

「彩券遊戲」的另一個核心目的，是讓學員認識「焦點討論法」。

簡單來說，「焦點討論法」是一種符合人類認知歷程的問題設計法，分成四個層次，分別是客觀性問題（Objective）、反映性問題（Reflective）、詮釋性問題（Interpretive）以及決定性問題（Decisional），一般將之簡稱為「ORID」。

1．客觀性問題（Objective）

帶領「彩券遊戲」時，在第一回合開獎結束後，我會問大家第一個問題：「你寫什麼數字？」這個問題便是「客觀性問題」，學員只需要說出自己寫的數字，且每個人都好奇彼此的數字。

或者問大家：「遊戲過程中，你有什麼發現？你看見什麼？」這些問題都是著重在客觀事實的觀察與分享。門檻不高，大多數學員都願意分享。

聆聽學員的客觀性回答後，也能讓授課者了解學員的觀察與學習起點為何，進而動態調整課程的難易度。

或許你已經發現了，這一類的問題能幫助課程表現出「具體」的效果，教學者藉由學員提出的客觀性回答，更容易了解學生的學習情況，以及可能遇到的學習挑戰是什麼。

例如，在1至50之間，學員寫了什麼數字？若學員確實了解遊戲規則，選擇的數字多半會落在1至20之間，若學員寫的數字超過20甚至30以上，就值得探究一番。

在以往帶領的經驗中，若出現20以上的數字，代表學員並未理解規則，或者帶著特殊的觀點參與遊戲。

出現前者的情況時，學員將會在聆聽其他人所寫的數字後，立即獲得反思與修正；若是後者的情況，授課者可以對該名學員採取正向好奇的詢問，其他學員也會好奇他的答案。

總之，授課者透過客觀性問題，可以很快的了解參與者的理解情況和學習困境。

2．反映性問題（Reflective）

第二個問題是：「一到十分，遊戲過程中，你參與的程度有幾分？」一分最低，十分代表積極投入。

現場學員多數表示自己參與程度超過五分以上，顯示他們相當投入。我還追問：「如果我們的課堂都能讓學生有這樣的投入程度，老師們會期待嗎？」大家都笑著點頭了。

這個問題就是「反映性問題」，比較涉及個人內在的感受與連結。類似的提問還有：「遊戲過程中，你有哪些感受？」「在什麼時候，你感到驚訝、有趣？」「以前有過類似的體驗或感受嗎？」透過這類提問，讓學習者把原本客觀、外在的知識或事實，於思考或討論的過程中內化或與個人產生連結。

當我們接觸一個嶄新的概念或知識，仍會帶著某些既有的框架，去學習或探索這個新穎的概念或知識。例如我們看到陌生的藝術創作，說這張畫有點像畢卡索，這部電影很有村上春樹的味道等等，我們常常在運用既有的、熟悉的概念框架，幫助自己理解相對較陌生的概念或現象。

反映性問題可以讓外在的客觀知識與學習者產生連結，這是一種「個人化」的歷程，讓這個新的概念或知識，與學習者的原有經驗產生了相關性，成為內在認知的一部分。

3．詮釋性問題（Interpretive）

接下來我會問：「這個遊戲有哪些機制讓參與者樂於投入其中呢？」請小組一起思考並列舉。

「詮釋性問題」的目的是希望學員回到教學專業的層面來思考，這個遊戲之所以能成功引發多數人的參與動機，究竟具有哪些機制值得我們參考學習呢？

類似的問題還有：「這個遊戲對你的教學有何啟發？」「你有哪些學習？」這一類的問題可以讓學習者在經歷一個課程活動後（例如閱讀講義、參與遊戲、觀看影片），歸納統整出較抽象的意義或價值，建構明確的學習認知，協助學員轉化為適合自己的教學課程。

學員對於這個問題的回應大致如下：

1 規則簡單：門檻低，容易讓學生參與。使教師了解，活動的設計應考量如何讓學習能力較弱勢的學生也可以融入其中，讓所有學生都具有參與感。

2立即回饋：寫下一個數字後立刻開獎，參與者可以馬上知道自己是否中獎。這個歷程讓教師理解到課程的設計可以安排一些簡單的提問，營造師生互動的立即感。

3引發動機：講師一開始就說這是個遊戲，不確定誰能中獎，引發許多期待與好奇。回到自己的教學現場，教師也能製作一些誘因或機制，吸引學生參與。

4．決定性問題（Decisional）

完成前三個問題的討論後，我會宣布另一份獎品，並詢問全體參與者：「如果再來一次，你會寫哪個數字？」一樣請所有人再寫一個數字後開獎。開獎後繼續另一個循環的焦點討論（ORID）。

「決定性問題」的意義在於讓學習者將學到的知識予以實踐或運用，至少能加以轉化與內化，更加穩固學習成果。為此，我還會這麼問：「回到自己教學現場，你想進行的第一步改變是什麼？」

接下來，我想邀請讀者利用「彩券遊戲」的活動，練習設計出自己的「ORID」。

你可以先思考一下：「若有機會讓學生進行彩券遊戲，你的教學目標是什麼呢？」假設你的目標是希望學生懂得考量別人的判斷或思維，那麼你會怎麼設計這四個層次的問題來幫助學生學習呢？請將你設計的問題，填寫在下表的空格中。

透過上述的練習，是否對焦點討論法的問題設計有更深入的體會了呢？

焦點討論法不只可用來設計課程的提問，也可用來架構一堂課的教學歷程；此外，觀議課時也能運用焦點討論法來進行，甚至還能幫助學生完成一篇校外參訪的心得報告。

練習：設計ORID問題

教學場合	**教學工作坊**	**班級經營**
教學對象	教師社群	國中小學生
教學目標	了解何謂情境課程以及 焦點討論法問題設計	系統思考／ 同理思考
客觀性問題（O）	你寫哪個數字？ 印象深刻的畫面？	
反映性問題（R）	一到十分，你投入的程度是幾分？ 哪個部分，讓你感到驚訝/有趣？	
詮釋性問題（I）	這個遊戲有哪些機制值得參考？	
決定性問題（D）	回到自己的課堂，改變的第一步是什麼？	

焦點討論法的運用可小可大，可以在一堂課裡操作，也可能是一整天的工作坊或者一學期的課程規劃。

焦點討論法的運用也可以結合學思達的五個步驟。例如，在上述的彩券遊戲中，我先講解遊戲規則並請學員寫下一個數字，就是「教師提問」與「思考問題」。開獎結束後，我提出第一個問題：「你寫了哪個數字？」快問快答地詢問每個學員，這便是「教師提問」與「學生表達」。

第二個問題：「一到十分，投入程度有幾分？」請超過五分的學員舉手，一樣屬於「教師提問」與「學生表達」。

第三個問題：「有哪些讓人投入的機制？」則是採取「小組討論」的形式，因為這個問題難度較高，所以小組討論之後再進行大班交流。大班交流的方式是由小組代表發言，教師可於學生表達時適時提問，以釐清或檢核學生表達時的模糊或誤解之處。當大班交流結束後，再進行「教師統整」。

第四個問題：「回到自己的課堂，改變的第一步是什麼？」先採取「思考問題」再進行「小組討論」，讓學員有時間沉澱與討論，接著進行大班交流後，再進行「教師統整」的步驟。

藉由「焦點討論法」與「學思達教學法」的結合，帶領學生進行深刻的討論與思考不再是困難的事，可以很貼近人類的認知學習歷程，鞏固學習成果。

03

體驗比說理更有力——情境式課程設計

琇芬

教學改變並不需要進行很大的翻轉，只要做一點小改變，再經過多次的練習，就能帶來不一樣的課堂風貌。

小改變的關鍵在於「機制」的運用；小小的改變能帶來意想不到的變化。如何在課堂上創造「由下而上的學生參與機制」，或許是課程設計的關鍵。

五個人坐在一起互相自我介紹，其中一個人的臉龐、手指、身體紋滿刺青，請從以下選項，判斷他是熱中於什麼事的人？

1　極限運動

2 認知心理學
3 下廚
4 阿拉伯文化
5 重金屬樂團

這是二〇一五年可口可樂中東分公司在回教齋戒月推出的廣告*，我們在「學思達情境課程設計工作坊」中，經常以這支廣告作為情境課程的討論文本。我也在國文課的「新住民」和「原住民」單元中，運用這支廣告，帶領學生思考「刻板印象」的議題。

「觀點」難以撼動「觀點」

在播放廣告前，先以「連連看」的活動，請學員進行判斷，並以舉手的方式，觀察每

*一段發人省思的可口可樂廣告
https://bit.ly/2ryWZyw

一個選項的人數，再於每個選項舉手的學員中，邀請幾位說明做出判斷的理由。

帶領了數次情境課程工作坊之後，我在二〇一九年暑假將「舉手」改為「走位」，邀請學員站起來，走到自己所判斷的選項位置。這讓現場氛圍立即熱絡了起來，不僅每一個選項的人數清楚的呈現出來，熟識的夥伴選了哪一個選項也讓彼此多了一些好奇。

無例外的，選擇「重金屬樂團」的人數最多，其他選項的人數則參差不等。我逐一到每個區塊採訪學員，請他們說明判斷的理由。

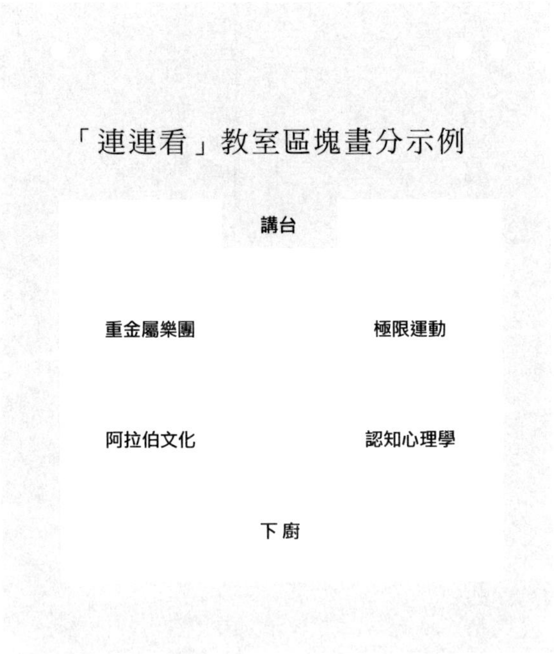

「連連看」教室區塊畫分示例

體驗比說理更有力量

選擇「重金屬樂團」的學員都認為在他們的印象中，玩重金屬樂團的人總是較為放蕩不羈，喜歡以紋身的方式彰顯自己的風格。

選擇「極限運動」的學員，認為運動員喜歡展現體能的強度與毅力的韌性，熱愛極限運動的人，可能以紋身的方式，凸顯身體的力與美。

部分學員認為「廚師」也常主張個人風格，以與眾不同的烹調方式表現自己的廚藝。在身上刺青，亦是呈現自我主張的方式。

選擇「阿拉伯文化」和「認知心理學」的人，幾乎都不超過五人。通常學員說不出什麼具體的理由，若不是憑直覺，就是認為這個題目有詐，所以才選最不可能的選項。曾有學員反映，這兩種喜好是對文化或人類具有獨特的好奇，具有這種好奇性格的人，也可能將全身紋滿刺青。

無論學員對自己的判斷提出什麼樣的詮釋，我最後會問：「聽完大家的理由，你會想更換選項嗎？想要更換的請移動。」

看完學員們的說法，你是否也會想改變原本的選項呢？如果你真的更換選項了，我很好奇你怎麼會被說服？

因為參與工作坊的學員，幾乎沒有人變動位置。這是為什麼呢？正如本書第一篇〈學思達與師生對話〉中，學員看完影片後進行的「走光譜」活動一樣，在「觀點」的層次進行對話，往往不容易改變彼此的想法。

我們在工作坊經常設計各種以「觀點」來進行交流的活動，活動呈現的結果都證實了以觀點說服彼此並不容易。這個體驗過程讓學員深有感觸，遠比由講師舉出一大堆理論來得更為震撼、更有影響力。

管中閔在TED×Taipei的短講*中，以「為什麼民眾反對政府的每個政策？一個官員的反思」為講題，提到他擔任國發會主委期間，曾在推動自由經濟示範區時，遇到了許多的困難。為了讓政策順利推動，管中閔和同仁積極到各機關團體，舉辦多場說明會與公聽會。此外還接受平面媒體專訪，更透過網路公開座談會，希望年輕世代能了解自由經濟示範區所要推動的理念及目的。

儘管經過了這麼多努力，自由經濟示範區還是沒能成功推動。管中閔和同仁經過深刻的檢討和反思，得到了一種新的理解和觀點。

他認為傳統的「宣傳」，本質是由上而下的方式，也就是「我們這麼做是為你們好」

的態度。這種方式既無效率，也難有效果。自由經濟示範區的失敗，乃是缺乏由下而上的群眾參與機制。

創造好奇的學習氛圍

管中閔的短講，談的是政府推動政策所遇到的困難，而我在聆聽的過程中，腦中浮現的卻是教師教學時所遇到的困境。

政策的「宣導」方式，猶如教師的「講述」方式；兩者的本質，同樣是由上而下「為你們好」的態度。因此如何在課堂上創造「由下而上的學生參與機制」，是否也是教師在課程設計上的關鍵？

回到本篇開頭的「連連看」活動，你是否發現一般人對於紋身者具有刻板印象？選擇「極限運動」或「重金屬樂團」，是因為從事這類活動的人，具有放蕩不羈、特

＊管中閔演講「為什麼民眾反對政府的每個政策？一個官員的反思」
https://bit.ly/2PxUcgT

立獨行、展現自我的特質。即便選擇「下廚」、「認知心理學」或「阿拉伯文化」，亦非由該項事物的特質來思考，而是從紋身者的刻板印象來詮釋這三項事物的屬性。

換言之，焦點不是在這五種事物的屬性，而是一般人對於「紋身者」的印象。

當學員在「連連看」的活動中，聆聽彼此所提出的觀點時，會產生好奇、驚訝、共鳴、趣味、恍然或難以置信等感受。這個歷程符合情境課程的要素之一「具體」：簡明、易懂的活動；明確、具體的實例，以及貼近學習者經驗的提問。全體學員在觀點陳述的過程中思考與判斷，學習氛圍十分熱絡。

學員固然期待講師揭曉答案，但在此之前，彼此橫向的觀點陳述與意見交流，已經產生積極參與的氛圍。

當學員充分交流意見後，回到座位上，講師再次播放這支廣告。此時學員會充滿好奇且十分專注的觀看影片，除了想要知道問題的答案，更希望自己的判斷是正確的。

正是因為希望自己的判斷是正確的，所以專注投入；若是自己的判斷錯誤，也會想知道自己忽略了什麼訊息、誤判了什麼線索，這不只是對於知識的好奇，更是對於自己的好奇。

閱讀到這裡的你，是否也想知道答案，更期待自己的判斷是正確的？

這名紋身者是一名認知心理學的實踐者；而重金屬樂團的成員則是一位戴著眼鏡、身穿西裝、長相斯文、頗有學者氣息的中年男子；至於熱中極限運動的運動員，雖然穿著T恤十分陽光，卻是坐在輪椅上的身障者。

「感受」較易影響「觀點」

注意到了嗎？這三位男性的身分都令人出乎意料！學員們觀看影片時，每看到一個身分的揭曉，都傳出一片驚嘆。驚嘆聲中，似乎暗含著對於刻板印象的警醒，這便是「意外」：運用適當的媒材或設計課程的轉折，讓學習者在參與的過程中產生驚訝或恍然大悟的效果。

當我們想要改變一個人的「觀點」時，用「觀點」說服對方效果並不好，而且可能變成意氣用事。那麼什麼方法能夠讓彼此省思自己的觀點，並且予以修正呢？「感受」可能會是一個好的切入點。

「觀點」層次的傳遞與說服，很難打動人心；「感受」層次的感染與同理，或許是連結彼此較可行的路徑。

感受對人的影響，往往最直接，也最迅速。但感受有很多種情緒，例如開心、生氣、難過、驚訝等等，並不是每一種情緒都能與對方產生連結。

例如，當你在上下班時段搭乘公共運輸，天氣熱，人又多，偏偏有人在這個時候插隊，你若心生憤怒，便可能朝著插隊的人大吼並制止他的行為。這與你平時和善待人的態度恐怕很不相同。

憤怒雖然會使一個人變得衝動，做出平常不會做的行為，卻難以改變一個人的觀點。尤其處於憤怒時，往往會對自己更具信心，更加鞏固自己的觀點，所以要說服他人，雙方都不宜處在憤怒的情緒下。

那麼，哪一類的情緒能夠讓一個人留下印象，並且接受新的觀點，做出不一樣的行為？大抵是一些能令人感到意外的情緒，例如驚嚇或訝異。

試想，你走在某條街道上，遇到一隻家犬突然從房子裡竄出來，對你大叫，甚至要撲上來咬你，即便這條街道是距離目的地最便捷的路徑，但未來你要前往該目的地，必定選擇走別的道路；即便這可能只是一次的意外，但你已認定這條街道是危險的，這是「驚嚇」所造成的影響。

「訝異」也容易讓人改變觀點，你相信嗎？

「你認為台灣一年平均有多少人死於車禍？數十人、數百人、數千人？平均一年喪生於車禍的人，你認為合理而可以接受的人數是多少？」這是我在班級宣導交通安全時的提問，學生在回答數量時往往只是憑感覺回答，甚至帶點開玩笑的性質。

不把「數字」當一回事，這是很正常的情況。因為數字是「抽象」的，缺乏「具體」的感受。

因此，我讓學生觀看一部二〇一五年由澳洲公共部門拍攝的交通安全宣導影片*，透過影片的情境，與學生討論交通安全的觀念。影片內容看似在路邊隨機採訪民眾，採訪者先告知受訪者澳洲每年死於車禍者有二四九人，再詢問受訪者可以接受的人數是多少？

受訪者是一位蓄滿落腮鬍的中年壯漢，他猶豫了一下後說：「差不多七十人吧！」

隨即採訪者用對講機告知工作人員，請他們讓七十個人從街頭的轉角走出來。這名壯漢看到這麼多人朝他走來，表情有些錯愕，不久他的神情開始變得訝異，眼神也逐漸柔和，轉頭對採訪者說：「她們是我的家人。」

原來，走在七十個民眾中間的是他的妻子和女兒。採訪者接著問他：「你現在覺得可

*澳洲交通安全宣導影片
https://bit.ly/36i5hJM

以接受的人數是多少？」

他動容地盯著妻子和女兒看了一會兒，才轉頭回答：「零！」話一說完，壯漢流下淚水，抱起朝他跑來的女兒，妻子也上前緊抱他們。群眾亦圍上來，彼此擁抱。

影片這時出現一行字：「There's no one someone won't miss.」學生看完這支影片，眼裡也都蓄著淚水。那淚水反映出他們的感動，也讓他們重新思考交通安全的意義。

據內政部警政署統計資料，二〇一八年全台交通事故死亡人數有一四九三人，遠比澳洲每年車禍死亡平均人數二四九人還多。看到這兩個數據，你是否感到驚訝？

當學生看完澳洲交通安全宣導影片後，又得知台灣交通事故的死亡人數後，神情都顯得若有所思，原初不以為意、玩笑以待的態度都消失了。

或許你會認為，為什麼不讓學生看車禍事故的照片或影片？讓他們感到「驚嚇」後，效果不是更好嗎？

我個人認為讓學生看事故的照片或影片，與其說是驚嚇，不如說是恫嚇或驚恐，反而會造成不好的結果。那些畫面會讓人產生害怕與畏懼的情緒，並且造成內心的不安寧，甚至可能導致惡夢連連，無法由感受轉化到觀點的改變。

「詫異」是一種與預期產生落差的反應，這個反應會讓人反思自己原有觀點與事實的差異，看見自己的認知有誤，才會願意改變想法。因此與其在課堂上講述道理，不如設計一些小活動、觀看短片，讓學生在體驗中有所理解，更能促使學生由衷反思。

小改變能帶來大變化

回到可口可樂的廣告，影片中還有兩位男性：一位也是穿著T恤，只是年紀看起來比極限運動員大一些，他的真實身分是研究阿拉伯文化的學者；另一位身著阿拉伯服飾的男子，平日喜歡下廚。

這兩個人的交集是「阿拉伯文化」，敏銳的學員已經推論這是一支在中東宣傳的廣告，但仍不明白廣告的訴求是什麼。

接下來我問學員：「可口可樂公司拍攝這支廣告，想傳遞什麼訊息？如何達到推銷的效果？」學員一致認為，廣告的訴求是「打破刻板印象」。

可口可樂中東分公司在回教齋戒月期間播放這支廣告，所要傳遞的觀念是「放下既有的成見與歧視，真心誠意重新互相認識，或許有更多收穫！」所以廣告中每一個角色的外在形象，與他們所從事的工作或興趣，都為觀眾帶來很大的預期反差。觀眾會因為影片內容而感到訝異，並重新省思自己的觀點。

廣告的內容具有衝擊性與反思效果，很適合在討論「刻板印象」的相關課程中運用。但若少了「連連看」的活動，就教學效果而言，有什麼差別嗎？

其實能運用多媒體作為討論的媒介，就很容易引發學生好奇，進而樂於討論；但往往停留在知識層面，不易產生個人反思。

無論是可口可樂廣告或是澳洲交通安全宣導影片，學生作為一名「觀眾」，只會以旁觀者角度談一時的感動。但是先進行「連連看」的活動，或台灣每年交通事故死亡人數的「提問」，之後才讓學生看影片，內在會發生微妙的變化。

台灣在二〇〇〇年以前，自動提款機的操作方式是「先領鈔後取卡」，許多人拿了鈔票後經常忘了取卡，導致銀行業務量增加。為了解決這個問題，銀行張貼大量的標語，提醒用戶要記得取卡，可是並無顯著效果。

自從各家銀行將提款手續改為「先取卡後領鈔」之後，徹底解決金融卡留置提款機中或因忘了取卡而報失的大量業務。提款手續的小改變，為銀行業務帶來很大的變化。教學上若能進行一些程序的改變，也會使學生更願意參與課程。

「連連看」的活動，讓學生先成為一名「參與者」，再抱著好奇的心情觀看廣告，這個歷程讓學生不再只是旁觀者，在討論「刻板印象」時，不會只檢討影片中的人，而是同時反思自己的觀點。

台灣交通事故人數的提問，創造出「參與」的氛圍，再隨著影片的情境，與受訪者一同體驗訝異與感動的歷程。討論交通安全時，不只是看一部令人動容的宣導影片，而是同時反思交通零事故的意義。

如果你正想在教學中做一點小變化，可以增加不同媒材的閱讀或觀賞；**若希望讓媒材的討論更深入學生內心，可以在閱讀或觀賞前設計十分鐘的小活動，讓學生成為「參與者」**，或許學習效果會出乎意料。

思考筆記

教學改變並不需要進行很大的翻轉，只要做一點小改變，再經過多次的練習，就能帶來不一樣的課堂風貌。

小改變的關鍵在於「機制」的運用，本篇文章中所提到的提款手續就是一個簡單又有效的例子。

只要在講述文本前，指定學生閱讀五分鐘的文本或講義，再設計一至兩個提問，學生就會因為想知道自己的判斷是不是正確，而願意專注聆聽教師講解。

或是在說明一幅藝術作品前，先請學生仔細觀察，再逐一詢問學生「看到了什麼」（客觀訊息），前面同學已經說過的就不能再說，便能激發學生的觀察力，更可能發現教師自己都沒有觀察到的訊息。

小小的改變能帶來意想不到的變化，不妨一試。

04 為閱讀打下穩固的地基——具體問題設計

琇芬

既然要分組討論，便需要設計討論的題目；然而憑著感覺所發想的題目，每每難以真正檢核學生的學習狀況。直到二〇〇九年，才從研習中恍然領會，有效的課程引導，需要奠基於層次分明的問題設計之上。

所有的學習與探索，皆從閱讀開始。

閱讀並不限於語文科目，數學、自然、歷史、地理、經濟、科技、藝術、體育等等，皆須閱讀。閱讀不限於學校的教育，家庭、工作、社交、休閒、自我成長等等，亦須從閱讀開始。

閱讀的第一步是觀察，也就是「看到了什麼」，著重在客觀的擷取訊息。以學校教育來說，引導學生學習的第一步，需要核對學生是否完成閱讀，是否正確理解語意，以及是否掌握重要訊息。在這個階段，需要設計「封閉性問題」核對學生閱讀理解的狀況。

引導學生了解事實內容與事情發生過程的封閉性問題雖然重要，但如果學生未能具有更廣泛的概念認知來連結相關事實間的關係，那麼封閉的答案將如一道牆阻絕學生的好奇與思考，也讓封閉性知識無法被學生轉化運用。

因此封閉性問題，僅是閱讀理解的基礎，教師必須進一步引導學生思考半開放以及開放性的問題。這些問題需能引發學生的好奇與興趣，引導學生觀察出這些封閉性答案與真實世界之間的關係，幫助他們將片段的封閉性知識，建立成有系統的脈絡，從而建構出他們對於世界的抽象理解，以及對於自己生命的意義。

我是成為一名教師之後，才開始學習如何成為一名教師。

我沒有正式接受過教師培訓，而是成為博士生以後，就站上講台開始授課。因此我的教學概念來自於過去教授過我的老師們，我向自己欣賞的老師們學習，也避免成為自己不喜歡的那一類老師。

英特爾創新思考教育計畫的啟發

除了講述，我也嘗試分組討論，既然要分組討論，便需要設計討論的題目。然而題目怎麼設計？我原沒什麼概念，純粹心之所至，憑著感覺出題。但憑著感覺所發想的題目，每每難以真正檢核學生的學習狀況，因而每年都在修改題目，每次修改後的題目都會發生新的狀況。

直到二〇〇九年，我參加「英特爾創新思考教育計畫」（Intel® Teach Thinking with Technology），恍然領會，有效的課程引導乃奠基於層次分明的問題設計之上；為學生建搭學習的鷹架，才能引發學習興趣，進而培養高層次的思考能力。

英特爾教育計畫提供了「核心問題」、「單元問題」以及「具體問題」三個層次概念。為詳述此三層次問題設計的概念，我以〈智救養馬人〉一文為例，分別示範如何設計「具體」、「單元」及「核心」問題。

簡要來說，「具體問題」屬於封閉性提問，引導學生找到文本重要訊息；「單元問題」屬於半封閉性提問，學生須能根據文本內容，發表分析或歸納後的答案；「核心問題」則屬於開放性提問，須能涵蓋單元問題及具體問題的範圍，問題的思考過程不只能使學生連結自己的生命經驗，更能達到新知識與舊經驗的融合。

在這篇文章裡，首先示範如何設計第一個層次的「具體問題」。

知識殿堂的奠基石

〈智救養馬人〉是康軒版國小五年級國語第三課的課文，由洪志明根據《晏子春秋·內諫篇》〈景公所愛馬死欲誅圉人〉所改寫。

故事描述春秋時期齊景公的愛馬因為養馬人失職而猝死，景公暴怒之下，決定處死養馬人。群臣畏懼於景公，不敢對他過當的處置提出諫言，唯有晏子機智地透過責備養馬人的言論，間接引導景公意識到自己的決定將可能造成的影響，順利地平撫了景公的怒氣，也讓養馬人獲得適當的處分。

英特爾問題設計概念

連結生命／開放	**核心問題**
歸納分析／半開放	**單元問題**
基本訊息／封閉	**具體問題**

智救養馬人

改寫／洪志明

春秋時代齊國國君齊景公非常喜愛馬。

有一天他最喜愛的一匹馬突然病死了。景公十分難過，認為養馬人沒有把馬照顧好，便把怒氣出在養馬人身上，準備處死養馬人。

為了一匹馬，處死一個人？朝廷上的大臣都覺得不妥，不過他們知道景公正在氣頭上，因此不敢上前進諫，個個面面相覷，不知如何是好。晏子看到了這個情形，靈機一動，連忙上前說道：「主公！這養馬人犯了三條大罪，還不知道為什麼大禍臨頭。不如讓我來說清楚，免得他死得不明不白。」

景公同意了，晏子便指著臉色發白的養馬人，說：「主公派你養馬，你不但沒把工作做好，還讓主公失去最心愛的馬，這是你的第一條死罪。你讓主公為了馬的緣故去殺人，消息傳出去以後，全國的百姓一定會認為主公只愛馬不愛人，使主公失去百姓的信任，這是你的第二條死罪。別國的國君聽到了，也一定會看不起主公，認為主公不行仁政，認為在齊國人不如馬，這是你的第三條死罪。」

養馬人聽了，嚇得全身發軟。晏子拿著刀，抵著他的脖子，說：「為了你一個人，使全國百姓蒙羞，使主公名譽掃地。你說，能免除你的死罪嗎？現在就讓我來處死你吧！」

齊景公聽了晏子的話，才恍然大悟。他沒想到殺了一個養馬的人，竟然會引來這麼多可怕的後果，不禁嚇出了一身冷汗：「放了他吧！放了他吧！不要害我變成一個不懂仁義的國君。」

晏子臨機應變，應用委婉勸諫的說話技巧，救了養馬人一命，也幫助齊景公免於犯錯。景公有雅量，能接納諫言，在晏子的協助下，為人民創造了很多福祉，是春秋期間有名的國君。

晏子勇敢機智，一生面對許多危險的場面，都能想辦法解決，在歷史上留下許多充滿智慧、令人難忘的故事。

「具體問題」的目的在於促使學生熟讀作品，提取文本中的重要資訊。這類問題屬於「封閉性質」，學生閱讀時須專注於「事實性訊息」，亦即依照問題從文本找到正確答案。

具體問題設計示例

1 故事發生於什麼時代？（春秋時代）
2 發生在哪個國家？（齊國）
3 主角是誰？（晏子）
4 故事裡還有哪些人物？（齊景公、養馬人、朝廷大臣們）
5 故事的起因是什麼？（齊景公最愛的馬死了）
6 故事的結果是什麼？（齊景公放了養馬人）

以上六個問題，可以在文本中找到「標準答案」，引導學生擷取故事裡的「人、事、時、地、物」等基本訊息。

如果閱讀的歷程猶如蓋一棟知識殿堂，那麼每一道「具體問題」猶如一個磚塊，奠定出穩定的地基。學生需要正確理解文本的內容，並且掌握文本的重要訊息，才能有根據的進行論證式的思考，而非憑個人主觀認知，造成錯誤的詮釋。

共學共備的火花

二〇一四年八月，我參加人本教育文教基金會所舉辦的「創新教學教師營」，研習過程中與小組成員一起閱讀〈智救養馬人〉，共同激盪文本的問題設計。四天的研習期間，小組成員歷經七個小時的課後討論。從各自隨意出題開始，每個人將所想到的問題寫滿了黑板，然後逐一思考品味。

我們用「品味」來形容問題的思考與判斷，因為那是一段「愛智」的美好時刻，也是「燒腦」的痛苦歷程。當時我將組員們審慎品味後所留下的題目，運用「英特爾創新思考教育計畫」的問題設計三層次，整編為報告的內容，因而留下深刻的印象。

二〇一七年，我開設一門「國文教學服務」課程，為了引導學生設計國小國語輔導問題，重新編修研習營所做的報告，成為授課的材料。此後又接受許多國小的邀約，與教師們分享學思達課程經驗，皆以〈智救養馬人〉為範例，每一次分享前，再三品味及修改問題的設計，從而沉澱凝煉為本書中「具體問題」、「單元問題」以及「核心問題」三篇探討問題設計的文章。

具體問題是教師最熟悉的題型，常見於是非題和選擇題。故事發生於什麼時代？發生在哪個國家？主角是誰？故事裡還有哪些人物？故事的起因是什麼？故事的結果是什麼？這些問題是閱讀故事必須掌握的基本訊息，每一題皆可從文本中擷取標準答案。學生若能正確回答，提問才能往分析或歸納的問題發展。

在這六個題目中，時代、國家、故事裡的人物、故事起因、故事結果，大多容易判斷。但「主角是誰」這個問題，對國小五年級的學生而言稍具鑑別度。因為文本開頭描述的是「齊國國君齊景公」，所以學生可能沒有閱讀全文就貿然認定齊景公是主角，也可能以為故事開頭提到的人物就是主角。

因此教師必須稍做引導，例如請學生思考文本的題目為什麼命名為「智救養馬人」？是誰發揮智慧，救了養馬人？這個提問可以引導學生思考題目與主角的關係。

具體問題就像房子的地基，學生閱讀理解的成效與具體問題的掌握十足相關。教師引導學生回答具體問題，能促使學生熟讀作品，提取文章中的重要訊息，有了這些基礎，才能作為單元問題，甚至核心問題的論述根據。

思考筆記

美國牧師約瑟夫・馬修（Joseph Mathews），於二次世界大戰後，為了協助人們從走過的歷程中找出意義，創造出一種體驗式討論法，引導人們先觀察事物，再對觀察事物做出反應，然後賦予意義，並獲得後續的影響。馬修任職的大學同事，也運用這種體驗模式進行教學，最後發展出適合各種主題、結構完整的「藝術型態的對話」。

後來企業界運用馬修所創造的模式，成為會議討論的明確流程，命名為「焦點討論法」。近來不少教師運用在教學上，請參見本書〈遊戲，不只是遊戲〉一文。欲更加了解焦點討論法可閱讀：布萊恩・史坦菲爾（Brian Stanfield）所撰寫的《學問》（台北市：開放智慧引導科技股份有限公司），以及喬・尼爾森（Jo Nelson）所撰寫的《關鍵在問》（北京：教育科學出版社）。

本篇文章介紹英特爾教育計畫的「具體問題」，與焦點討論法頗為相似，兩者都是根據客觀事實予以提問，目的皆在於「蒐集資訊」。若缺少客觀性層次的步驟，讀者可能陷於主觀的見解，誤判文本的意涵；團體中的成員，難以確定彼此討論的是否為同一件事。

教師除了依照教學目標設計具體問題，核對並檢視學生是否真正理解文本、掌握重要訊息，亦可以在學生回答完所有具體問題後，運用「焦點討論」中客觀性層次（The Objective Level）的概念，詢問學生在文本中還看到什麼值得注意的訊息，或者提出對於文本內容的疑問。

客觀性層次的提問，除了了解學生閱讀理解的程度，也能從學生的觀察與回應中，發現教師自己沒有注意到的訊息，亦為教學相長的一種模式。

05

引發好奇，探索答案——單元問題設計

琇芬

相對於有標準答案的「具體問題」，「單元問題」的答案屬於半開放式。學生必須要能確實掌握文本內容，清楚理解事情的前因後果，才能彙整出完整的答案。而「單元問題」的發想，通常從事件的好奇開始。

「單元問題」的主要目的是讓學生能夠理解、分析、歸納、推論及解釋文本訊息之間的關聯。

這類問題屬於半開放性質，學習者須分析或歸納文本中所擷取的訊息，同時在「根據文本內容」的前提下，發展獨特的答案及創意的想法，培養詮釋文本的能力。

以洪志明編寫的〈智救養馬人〉為例，我設計了以下七個問題，屬於半開放式的「單元問題」，學生須根據故事的背景、語境，以符合邏輯的推理，詮釋文本中沒有提到的意涵：

單元問題設計示例

1 養馬人的過錯該判死罪嗎？

2 群臣為什麼不敢勸諫齊景公？

3 晏子舉了哪些養馬人該殺的理由？

4 晏子為什麼要責備養馬人，而不是直接勸諫齊景公？

5 晏子不直接勸諫齊景公的原因，與群臣不敢勸諫齊景公的原因，是一樣的嗎？

6 晏子為什麼是「勇敢機智」的人？他的「勇敢」表現在哪些方面？他的「機智」又反映在哪些方面？

7 晏子為什麼要拿刀抵著養馬人？

單元問題的發想，通常從對事件的好奇開始，例如第一題「養馬人的過錯該判死罪嗎？」可以引導學生思考許多面向，例如：權力與階級對人產生什麼影響？個人喜好對於事情的判斷又會造成什麼影響？如何判斷過錯的嚴重程度？以及「責任」的意義為何？

第二題「群臣為什麼不敢勸諫齊景公？」延續上一題「齊景公與養馬人」之間權力和階級的關係，進而討論「君臣」之間的權力和倫理關係，並引導學生思考：如何辨識情緒，以及情緒對人所產生的影響，進而思考身分和位階如何影響我們做出決定。

第三題「晏子舉了哪些養馬人該殺的理由？」基本上是有標準答案的，對於國中以上的學生來說屬於「具體問題」。但是小學五年級學生回答這個問題時，需要具備「廣泛理解」的能力，也就是學生必須能夠完整掌握文本內容，清楚事情的前因後果，才能彙整出完整的答案。因此，對於五年級學生的閱讀理解能力而言，這個問題屬於「單元問題」。

〈智救養馬人〉最後一段以「勇敢機智」來評價晏子，因此在帶領學生閱讀文章的過程中，可以引導他們思考第六題：「晏子為什麼是『勇敢機智』的人？他的『勇敢』表現在哪些方面？他的『機智』又反映在哪些方面？」

為了深入回答第六題，需先請學生想一想第四題：「晏子為什麼要責備養馬人，而不是直接勸諫齊景公？」這個問題可和第二題「群臣為什麼不敢勸諫齊景公？」一起討論。

順著提問，發現問題

群臣不敢勸諫齊景公，是因為齊景公正在氣頭上，時機不對；此外，國君的權力大於臣子，臣子懼其權勢故不敢言；其三，養馬人不過一介匹夫，群臣沒必要為他求情。

然而，「晏子不直接勸諫齊景公的原因，與群臣不敢勸諫齊景公的原因，是一樣的嗎？」（第五題）

齊景公正在氣頭上，時機不對，這可能是晏子所考慮的原因之一；臣子畏懼國君的權勢，可能只有一半是晏子所顧慮的原因；晏子願為養馬人而求情，這是與群臣不一樣的地方；然而晏子並不單純為了養馬人而求情，更考量了齊景公的名聲與齊國的國力。

因此晏子的「勇敢」表現在當群臣不敢勸諫齊景公時，他仍勇於付諸行動，改變現況；晏子的「機智」反映在不直接指出齊景公的失當，而是採取委婉的方式，先假意指責養馬人的過失，實則同理並安撫齊景公的悲傷與憤怒，進而在責備養馬人的言論中，置入國君名聲與國家利益的分析，引導齊景公權衡利弊。

從教學的目標來看，〈智救養馬人〉希望培養學生「臨機應變，委婉勸諫」的說話技巧，以及「接納勸諫」的雅量。教學目標固然限制了故事的詮釋空間，但因為教學對象是小學五年級學生，所以作者必須符合教學目標，寫出明確的文章意涵。

至於第七題「晏子為什麼要拿刀抵著養馬人？」乍看之下，彷彿是個無厘頭的提問，但再三品味斟酌，會發現這個問題頗值得玩味。

引發好奇，探索答案

二〇一四年八月，我參與人本教育文教基金會舉辦的「創新教學教師營」，研習期間與小組成員共同激盪〈智救養馬人〉的問題設計。當其中一位夥伴將「晏子為什麼要拿刀抵著養馬人？」這個問題寫在黑板上時，小組夥伴們發出一片笑聲，然而當笑聲漸歇，大家開始認真思索晏子拿刀抵著養馬人的必要性。

隨著討論的深入，愈發感受到「晏子拿刀抵著養馬人」的畫面，所帶來的強烈衝擊感，並且發覺透過這個提問，能夠引導學生領會「情境」的感染力。

晏子拿著刀抵在養馬人的脖子上，讓齊景公看到這幅畫面，有助於促成情緒的轉變。畢竟嘴裡說要把人殺了，和親眼看到一把刀抵在養馬人的脖子上，感受並不一樣。

因此晏子創造出具體可見的情境，才能讓齊景公身歷其境而有所領悟或轉化。

齊景公因為愛馬猝死而傷心難過，進而對養馬人心生怨憤，但當他看到晏子把刀抵在養馬人的脖子上，關注焦點從愛馬猝死的衝擊，轉到眼前之人的處境；也就是憤怒的情緒可能減緩，醒悟的思緒可能因此生發。

晏子先站在齊景公的角度，一同責備養馬人，給予「同理」的支持，讓齊景公的怒氣稍獲平撫。接著晏子拿刀抵著養馬人，使養馬人心生畏懼，也令齊景公意識到自己所下的命令，對養馬人所造成的巨大恐懼。

一旦憤怒的情緒獲得同理，衝動才能減緩；能夠意識到自己的命令將造成什麼影響，理性才會被召喚出來。

但，晏子手上的刀從哪裡來的？大殿上怎麼會憑空出現一把刀？當研習夥伴們深入討論「晏子為什麼要拿刀抵著養馬人」時，突然有人提出這個疑問。

我們仔細閱讀〈智救養馬人〉的文本，並沒有發現這把刀是何人所有。晏子怎麼突然間手裡就拿了把刀，架在養馬人的脖子上？

為了追究這把刀到底是從何而來，我們把〈景公所愛馬死欲誅圉人〉的原文（請見下頁）找出來詳讀，才發現齊景公得知愛馬猝死，一怒之下並不是要殺了養馬人，而是要把他「肢解」！

景公所愛馬死欲誅圉人

景公使圉人養所愛馬，暴死，公怒，令人操刀解養馬者。是時晏子侍前，左右執刀而進，晏子止而問於公曰：「堯舜支解人，從何軀始？」公矍然曰：「從寡人始。」遂不支解。

公曰：「以屬獄。」

晏子曰：「此不知其罪而死，臣為君數之，使知其罪，然後致之獄。」

公曰：「可。」

晏子數之曰：「爾罪有三：公使汝養馬而殺之，當死罪一也；又殺公之所最善馬，當死罪二也；使公以一馬之故而殺人，百姓聞之必怨吾君，諸侯聞之必輕吾國，汝殺公馬，使怨積於百姓，兵弱於鄰國，汝當死罪三也。今以屬獄。」

公喟然歎曰：「夫子釋之！夫子釋之！勿傷吾仁也。」《晏子春秋・內諫篇》

注釋

1 圉人（ㄩˇ ㄖㄣˊ）：職官名。周置，負責養馬芻牧等事。

2 操刀解：持刀肢解，即處以分屍罪。

3 從何軀始：從哪個部位開始。

4 矍然（ㄐㄩㄝˊ ㄖㄢˊ）：驚惶的樣子，此處形容齊景公自覺處分過當。

5 以屬獄：交付獄官執行死刑。

6 數：責備。

請各位想想：為什麼這把刀的來源值得提問呢？

洪志明編寫〈智救養馬人〉時，將齊景公「肢解」養馬人的命令刪改為「處死」，或許因為肢解的刑罰對於小學生而言過於殘暴。

原文中晏子並未親自持刀，而是在侍衛執刀進殿時，暫時阻止行刑，轉而問齊景公：「堯舜在執行肢解的刑罰時，是從哪個部位開始呢？」

原文描述齊景公聽到這句提問後神色驚惶，赫然發現若是把養馬人肢解了，將會是德行上的一大損傷。

堯舜是聖賢明君，從未對百姓行使酷罰。「聖賢明君」的名聲相較於愛馬的猝死，更令齊景公在乎。所以晏子「機智」的表現，在於讓齊景公暫時脫離情緒的控制，恢復理性的判斷。

因此當齊景公恢復理智後，回答晏子：「從寡人始。」表面上是說從我開始肢解吧！實際上是自罪之意。也就是齊景公意識到自己被憤怒所操控，對養馬人的處分過當了。

上述提問脈絡的設計目的，是透過「晏子為什麼要拿刀抵著養馬人？」這個問題，引發學生的好奇，帶領他們閱讀原文。

小學五年級學生，是否適合閱讀文言文？在「創新教學教師營」中，小組夥伴們曾為此有一番討論。其實，並非要學生自己閱讀原文，而是透過老師的帶領與說明，介紹原文的內容。這個歷程不僅讓學生接觸原文，也讓他們明白閱讀古籍的必要。

閱讀古籍不只是學習傳統文字表達形式的優雅與簡要，更重要的是了解經典的流傳，實乃含藏亙古的人性之理。

比較分析，釐清差別

當老師以說故事的方式，介紹原文的內容後，可以進一步引導學生比較：〈智救養馬人〉和〈景公所愛馬死欲誅圉人〉兩篇文章中，晏子責備養馬人的理由，有什麼差別？教師可設計表格（如下頁），讓學生將這兩篇文章中晏子責備養馬人的理由分列出來，再引導學生將每一個理由的內容歸納為「上位概念」。

上位概念，是指能含括或代表某些相類似的具體內容之抽象概念。

例如，養馬人沒有把工作做好，這是養馬人失職，所以用「工作職責」這個抽象的概念作為代表。因為養馬人失職，導致齊景公最心愛的馬死了，造成齊景公的傷痛，所以用「個人損失」這個抽象概念來代表。

此外，齊景公為了愛馬而殺養馬人的決定，很可能造成三種影響：其一，百姓認為主公愛馬不愛人，對齊景公失去信任；其二，軍隊士氣低落，兵力將會削弱；其三，鄰國諸侯將會看輕齊景公，使他失去聲譽，甚至國勢衰微。

而無論是失去百姓的信任、軍隊士氣因此低落，或者他國諸侯對齊景公的輕視而影響權勢，三者都與國家利益有關，屬於政治層面，所以用「政治影響」這個抽象概念來代表。

晏子責備養馬人的理由

篇名	〈智救養馬人〉		〈景公所愛馬死欲誅圉人〉	
內容／概念	文本內容	**上位概念**	文本內容	**上位概念**
理由1	養馬人沒有把工作做好，還讓齊景公最心愛的馬死了。	**工作職責** **個人損失**	養馬人沒有把工作做好。	**工作職責**
理由2	齊景公因為馬死而殺人，百姓會認為主公愛馬不愛人，因而失去百姓信任。	**政治影響**	因為養馬人的失職，導致齊景公的愛馬死了。	**個人損失**
理由3	他國國君會認為齊景公不行仁政，影響齊景公聲譽。	**政治影響**	齊景公因馬而殺人，百姓必積怨，軍心必低落，諸侯將輕視齊國，齊國可能因此式微。	**政治影響**

上位概念的掌握，有助於區辨論述的層次。透過表格的整理，學習者能清楚看見，〈智救養馬人〉這篇文章把「工作職責」和「個人損失」合為一項，卻把「政治影響」寫成兩項。

「工作職責」和「個人損失」為什麼需要分別論述呢？

以小學五年級學生的生活經驗來舉例，小明打掃時不小心把講桌上的花瓶打破了，不幸的是這支花瓶是導師心愛的花瓶，因此導師大發雷霆，處罰小明一個月的勞動服務。老師對小明的處罰是適當的嗎？

「打掃失職」與「打破導師心愛的花瓶」是兩件事，前者須引導學生學習「職責」的重要性，後者可引導學生思考「賠償」的原則。

從「工作職責」的角度來看，小明需要為打破花瓶的事接受處罰。因為他打掃時沒有注意周遭環境，表示他未能善盡職責，導致摔破了講桌的花瓶；再從「個人損失」的角度來談，小明摔壞了導師最愛的花瓶，理論上需要賠償老師，但即使賠償了一模一樣的花瓶，卻很難彌補導師的遺憾。導師內心的遺憾不是物質或金錢可以補償的，所以如何安撫導師的難過，亦須好好思考。

總而言之，「工作職責」屬於「責任」的層面，「個人損失」則涉及「情感」與「人際關係」，兩者須分開而論，不可混為一談。

縱向探討，挖掘癥結

〈智救養馬人〉的「單元問題」設計脈絡，經由「晏子手上的刀從哪裡來？」所引發的好奇與探索，帶領學生閱讀原文〈景公所愛馬死欲誅圉人〉，進而引導學生釐清〈智救養馬人〉和〈景公所愛馬死欲誅圉人〉二文中，晏子責備養馬人的理由，有何差別。

即使釐清了兩篇文章的差別後，學生或許還是難以明瞭「晏子的勸諫究竟如何產生效用？」也就是晏子如何安撫齊景公的情緒，從而使養馬人獲得適當而不過當的處罰？

從事件的發展來看，養馬人未能善盡職責，導致齊景公愛馬猝死，這是「已發生的事實」。至於如何安撫齊景公的情緒，以及養馬人應該受到什麼程度的處罰，則著重於「如何解決問題」。

已發生的事實不能改變，因此故事的關鍵在於「如何安撫齊景公的情緒」，這便是〈智救養馬人〉這篇文章的學習如何轉移為學生能力的關鍵。

安撫齊景公的情緒為什麼很重要？因為唯有齊景公的情緒平撫後，才能讓養馬人得到適當的處罰；養馬人得到適當的處罰後，百姓才會認為齊景公是值得信賴的賢君，軍心才會穩定，各國諸侯才會敬重齊景公，國家才有可能興盛。

那麼，晏子是如何安撫齊景公的情緒，並讓他恢復理性思考呢？

以下透過圖示，從〈智救養馬人〉和〈景公所愛馬死欲誅圉人〉兩篇文章中，晏子責備養馬人的理由之別，來說明哪一種引導過程較能有效發揮勸諫的效用。

若每一個上位概念是一道與齊景公的情感靠近、連結的「階梯」，那麼可以看到〈智救養馬人〉的第一道階梯太高，第二道階梯則太長。

階梯太高，表示花在釐清客觀事實與

兩種「引導過程」的勸諫效果比較圖

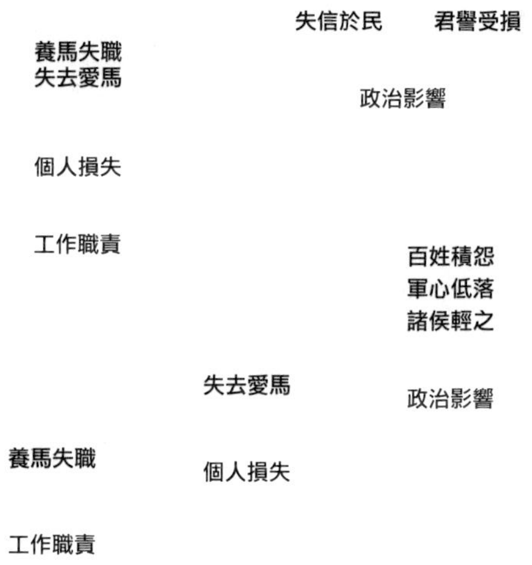

連結主觀情感的「引導過程」較少；階梯太長，表示用在陳述齊景公懲罰養馬人所導致的結果，「引導過程」較多。

反觀〈景公所愛馬死欲誅圉人〉，每一道階梯只反映一個上位概念，且三道階梯的「引導過程」相同。

「引導過程」在勸諫／說服的效果上有什麼差異？

舉例來說，小明打掃時不小心打破了導師最愛的花瓶，導師大發雷霆，決定處罰小明一個月的勞動服務。你如果是班長，該如何說服導師這個懲處太嚴重？

以下模仿〈智救養馬人〉及〈景公所愛馬死欲誅圉人〉兩篇文章中，晏子責備養馬人的脈絡，試著呈現班長責備小明的理由：

模仿〈智救養馬人〉的三個理由中，只有第一項能讓導師獲得情感上的支持，另外兩項似乎都具有潛在的指責意味，警示導師處罰過當所可能造成的後果。

模仿〈景公所愛馬死欲誅圉人〉的三個理由中，第一項先指出小明所犯的錯，第二項同理導師失去花瓶的難過，第三項才道出處罰過當所可能造成的後果。

試想：當導師正在氣頭上，班長若未能先充分安撫導師的情緒，就很快的指出導師對小明的處罰過當，導師的情緒是會得到平撫，還是會更激動？

小明應該被處罰的理由

模仿〈智救養馬人〉理由	上位概念	模仿〈景公所愛馬死欲誅圉人〉理由	上位概念
小明沒有把工作做好，還把導師最心愛的花瓶摔破了。	工作職責 個人損失	小明沒有把工作做好。	
導師因為小明摔破花瓶而處罰小明一個月的勞動服務，班上同學會認為導師愛花瓶不愛學生，因而對導師失去信任。	班級影響	因為小明的失職，導致導師最愛的花瓶摔破了。	個人損失
其他班級導師會認為本班導師情緒管理不佳，處置失當。	班級影響	導師因為花瓶而處罰小明一個月的勞動服務，同學必對導師積怨，全班向心力必定低落，其他班級的導師將會輕視本班導師，本班的情感及學習態度將受到影響。	班級影響

回到〈景公所愛馬死欲誅圉人〉來看，晏子先責備「養馬人沒有盡到職責」，讓齊景公的怒氣有所抒發；再同理「齊景公愛馬之死的傷痛」，使齊景公感受到被關懷；最後才陳述養馬人若被處以肢解之刑，將造成何種政治上的影響，從個人聲譽與國家利益的面向，引導齊景公回到理性的判斷。

當一個人平心靜氣時，可以與他說道理、談利弊；若一個人仍在氣頭上，說理或建議，猶如火上加油。因為對方會覺得給建議的人似乎高高在上，反之自己則像做錯了事一般。所以在不對的時間說理，只會讓對方情緒更加激動，甚至堅持己見，不顧後果。

唯有當一個人的情緒完全被接納之後，才能感覺到「被懂得，被理解」，原本劍拔弩張的感受，因為被同理、關懷而變得柔和，這時再給予意見，才可能聽得進去。

洪志明編寫的文本，固然符合小學五年級學生閱讀理解的程度，培養學生分項說明、重點明確的論述能力。但從幽微的人性層面而言，〈景公所愛馬死欲誅圉人〉裡晏子責備養馬人的理由，更適合引導學生理解「就事論事」的準則，「同理他人」的重要，以及評估「衝動決定」的影響。

思考筆記

相較於有標準答案的「具體問題」，「單元問題」該如何設計，並沒有公式可循。人本教育文教基金會舉辦的創新教學教師營，讓我明白問題的設計一開始是發散式的。若能與夥伴共備，則能發想出意想不到的關鍵提問。

累積足夠的問題後，可以先分類，將相似的問題歸納為較清楚完整的題目，再分析這些分類後的問題彼此之間有什麼關聯性，以彙整出提問的脈絡。

在分析歸納的過程中，可能會隨著品味問題的意涵，延伸出原本沒有想到的角度，發現更為深刻的思考方向。

在發散式的問題蒐集後，需要收斂、聚焦，讓閱讀理解的脈絡系統化。然而究竟該朝什麼方向聚焦？這便是下一篇文章「核心問題」所要討論的內容。

06

提升閱讀素養——核心問題設計

琇芬

「核心問題」的設計，是為了引導學習者建立高層次的思考，從學習者成為創造者。但成為創造者之前，教師得引導學生自我探索，沉澱反思，剖析自己的思維脈絡。

薩提爾冰山理論便是探索核心問題的有效方法。

在單元問題的階段，引導學生從〈智救養馬人〉的閱讀與思考，至〈景公所愛馬死欲誅圉人〉的聆聽與討論，對小五學生雖為理解上的一大挑戰，但並非不可能的任務。

只是這些單元問題的討論，焦點都在晏子與齊景公身上，學生為何要知道他們的故事與應對的方式？

洪志明改編的文本（請見本書頁一一三至一一四），其教學目標是為了培養學生「臨機應變、委婉勸諫」的說話技巧，以及「接納勸諫」的雅量。

然而以上目標太過抽象，學生閱讀完這篇文章後，如何學會臨機應變、委婉勸諫的說話技巧？如何培養接納勸諫的雅量？為了達到教學目標，在問題的設計上，需要更明確地與學生生活經驗連結。

英特爾創新教育計畫指出：「核心問題」須引導學生思考重要而恆久的概念，答案無法在書本上找到，通常是生活中的重要問題。這個階段要建立學生高層次的思考，從學習者成為創造者，剖析自己的思維脈絡，並且能夠予以應用。

根據以上「核心問題」的定義來思考，學生閱讀完〈智救養馬人〉，須能進而「剖析自己的思維脈絡」，並「在生活中予以應用」。因此**如何使課文內容結合學生生活經驗，並為之所用，成為語文教學是否具有成效、能否提升學生生活素養的一大關鍵！**

為符合核心問題的要求，以下詳細示範核心問題的設計脈絡。

收斂聚焦——歸納法

「收斂聚焦」意指閱讀時，先從具體問題擷取文本重要訊息，再於單元問題的思考脈絡中，凝聚出核心問題的概念。這是閱讀一篇文本時所進展的歷程。

PISA國際閱讀素養評量指出「閱讀歷程」[1]可以分為三個階段，第一階段是「擷取與檢索訊息」，第二階段為「統整與解釋」，最後的階段則是「省思與評鑑」。

「擷取與檢索訊息」的歷程，是能依據問題要求或指明的特點，找出文本中清楚描述的訊息，與英特爾創新教育計畫中「具體問題」的設計原則是相似的。

〈智救養馬人〉具體問題設計示例

題目	擷取與檢索訊息
1. 故事發生於什麼時代？	**時間**
2. 發生在哪個國家？	**地點**
3. 主角是誰？ 3-1 是誰發揮智慧，救了養馬人？	**人物**
4. 故事裡還有哪些人物？	**人物**
5. 故事的起因是什麼？	**事件原因**
6. 故事的結果是什麼？	**事件結果**

具體問題的評量目的，主要是檢核學生能否理解問題中的基本要素，例如：人、事、時、地、物和原因等等。我為〈智救養馬人〉所設計的六個具體問題，皆能對應出明確且合適的訊息（請參照上頁表格）。

其中第三題「主角是誰？」雖有明確的答案，但五年級的學生在閱讀時，可能因為著急而誤判，所以需要透過「是誰發揮智慧，救了養馬人？」（3-1）來引導學生找出正確的答案。

當學生能完整回答具體問題，代表已初步理解文本內容，接下來才能繼續引導學生思考單元問題；換言之，若學生對文本尚有不理解之處，便可能因為誤讀而未能回答單元問題。

英特爾創新教育計畫的「單元問題」是為了培養學生「理解、分析、歸納、推論及解釋文本訊息之間的關聯」之能力。單元問題的定義與PISA國際閱讀素養評量「統整與解釋」的歷程相似，不過PISA國際閱讀素養評量更將「統整與解釋」細分為「廣泛理解」和

注1　關於PISA閱讀歷程的說明，可參閱孫劍秋、林孟君〈談PISA閱讀素養評量對十二年國教閱讀教學的意涵〉，《北市大語文學報》第九期；八五至八九頁。台北市立教育大學人文藝術學院中國語文學系，二〇一二年十二月。

「發展解釋」兩個階段。

「廣泛理解」意指能正確解讀所閱讀的內容；「發展解釋」則是能對所閱讀的內容做出明確、完整的解釋。

對照 PISA 國際閱讀素養評量對於「統整與解釋」歷程的說明，我把〈智救養馬人〉的單元問題，歸納如下頁表格，此表統整的用意，是借由 PISA 國際閱讀素養評量對於「廣泛理解」與「發展解釋」的區分，讓英特爾單元問題的概念更為細膩，提供讀者多一些參照的原則。

「養馬人的過錯該判死罪嗎？」和「群臣為什麼不敢勸諫齊景公？」前兩題較為基礎，目的在於檢核學生能否廣泛理解文本內容，也就是能否正確解讀文本內容。

當學生已經對文本具有廣泛的理解後，才能發展解釋晏子的勇敢與機智是如何呈現的；亦即讓學生提出具有支持力的理由及證據，以表達出自己的解釋或觀點。

第三題「晏子為什麼是『勇敢機智』的人？他的『勇敢』表現在哪些方面？他的『機智』又反映在哪些方面？」是緊扣文本題目而思考。但此題範圍太大，為協助學生從文本中找到證據以支持推論，須逐一思考 3-1、3-2、3-3 及 3-4 這四個子題，才能充分回答第三題的答案。

〈智救養馬人〉單元問題設計示例

題目	統整與解釋
1 養馬人的過錯該判死罪嗎？	**廣泛理解**
2 群臣為什麼不敢勸諫齊景公？	**廣泛理解**
3 晏子為什麼是「勇敢機智」的人？他的「勇敢」表現在哪些方面？他的「機智」又反映在哪些方面？	**統整解釋**
3-1 晏子為什麼要責備養馬人，而不是直接勸諫齊景公？ 3-2 晏子舉了哪些養馬人該殺的理由？ 3-3 晏子不直接勸諫齊景公的原因，與群臣不敢勸諫齊景公的原因，是一樣的嗎？ 3-4 晏子為什麼要拿刀抵著養馬人？	**發展解釋**
4 晏子手上的刀從哪裡來的？	**發展解釋**
5 晏子的勸諫究竟如何產生效用？	**統整解釋**
5-1 安撫齊景公的情緒為什麼很重要？ 5-1 晏子是如何安撫齊景公的情緒，並讓他恢復理性思考呢？	**發展解釋**

為了統整解釋晏子的勇敢與機智，須先解釋「晏子為什麼要責備養馬人，而不是直接勸諫齊景公？」（3-1）以說明晏子如何臨機應變。

然後再詳述「晏子舉了哪些養馬人該殺的理由？」（3-2）呈現晏子委婉勸諫的技巧。

接著思考「晏子不直接勸諫齊景公的原因，與群臣不敢勸諫齊景公的原因，是一樣的嗎？」（3-3）以反映晏子如何展現勇敢。

最後再探究「晏子為什麼要拿刀抵著養馬人？」（3-4）彰顯晏子如何善用情境的感染力，影響齊景公的決定。

經過這四個問題的思索脈絡，才能層次分明、論證有據的回答：「晏子為什麼是『勇敢機智』的人？他的『勇敢』表現在哪些方面？他的『機智』又反映在哪些方面？」

洪志明將篇名定為〈智救養馬人〉固然是為了刻劃晏子的形象，希望學生在閱讀歷程中培養臨機應變、委婉勸諫的說話技巧，但齊景公的言行亦十分值得思考評價，才能理解他如何具有接納勸諫的雅量。

若焦點只鎖定在晏子身上，齊景公的角色就顯得扁平化，也使學生誤以為齊景公的改變，全因晏子的勇敢與機智，這種理解簡化了人際關係的互動歷程。

因此從「晏子為什麼要拿刀抵著養馬人？」發展到第四題「晏子手上的刀從哪裡來

的？」繼而引導學生閱讀原文，比較改寫版和原文之間的差別，才能了解為什麼需要先安撫齊景公的情緒，從而引導他恢復理性思考，避免情緒衝動所造成的後果。

單元問題的脈絡發展至此，已歸納出情緒安撫的重要性。

原文中齊景公的暴怒，差點讓養馬人被肢解，洪志明的改寫版又加入了群臣畏懼而不敢言的情節。從這兩篇文本的描述中，學生可以發現除了晏子以外，事件中的每一個人，都被捲入負面情緒之中難以平靜。

齊景公因愛馬死去，先是感到震驚、難過，轉而以暴怒的方式展現內在複雜的情緒。

養馬人因疏於職責，導致齊景公愛馬死去，先是擔心、害怕而不知所措，見到齊景公暴怒，轉而因恐懼而陷入僵呆。

群臣雖然覺得齊景公處置過當，但因擔心自己發言不當，遭致連累，所以噤聲不語。

現場有如負面情緒的暴風區，若不能讓暴風消退，任何諫言都只會捲入暴風圈裡，讓情勢更加惡化。

〈智救養馬人〉雖是戰國時期的故事，但當中人物遇到衝擊時的反應，與現代人並無太大差別。因此可以從情緒的面向，發展出與學生生命經驗連結的「核心問題」。

英特爾創新教育計畫認為「核心問題」的目的，是要引導學習者成為創造者，但成為創造者之前，得先能剖析自己的思維脈絡；要能剖析自己的思維脈絡，必須先能自我探索、沉澱反思，才能將所學予以應用。

PISA國際閱讀素養評量的「省思與評鑑」歷程，亦是強調學生須能將所閱讀的內容與自己原有的知識、想法和經驗相連結，經過判斷、省思後，提出自己的見解。

綜合英特爾創新教育計畫與PISA國際閱讀素養評量計畫的定義，閱讀的最後歷程，應能連結讀者個人的原有知識、想法與生活經驗，進而自我探索、沉澱反思、剖析自己的思維脈絡，以提出自己的見解，從而將所學予以應用，成為一名創造者。

基於上述結論，「核心問題」可以設計為以下兩個問題：

1 生活中有沒有經歷過類似齊景公痛失愛馬的經驗？

2 生活中有沒有經歷過類似養馬人一樣的犯錯經驗？

這兩個問題的目的，是要引導學生回顧過往生活，有沒有經歷過類似齊景公痛失愛馬的經驗？例如心愛的事物被他人損壞時會做出哪些反應？產生哪些情緒？如何處理那個事件？最後是否從這件事獲得啟發？

或者引導學生回顧過往生活，有沒有經歷過類似養馬人一樣的犯錯經驗？例如不小心將別人的物品損壞了，當時有什麼反應？產生哪些情緒？如何面對那個事件？最後是否從這件事獲得啟發？

核心問題基本上只有一個，但這篇文章的情境剛好是由「對立的處境」所組成。因此核心問題雖然有兩題，實際上只是處境的不同，「如何因應衝擊」的本質則是相同的。

或許你會問，為什麼不增加一題：

有沒有發生過類似晏子一樣勇敢機智的經驗？

〈智救養馬人〉的主旨固然是要引導學生效法晏子的勇敢與機智，但勇敢與機智的素養，須先從同理他人的角度出發。晏子之所以能夠說服齊景公，便是能夠同理並安撫他的情緒，才能進一步讓景公發覺自己的處置過當，從而改變決定。

因此引導學生從齊景公和養馬人的處境，連結自己的生活經驗，練習在衝突的情境下如何「自我探索、沉澱反思、剖析自己的思維脈絡」。

以薩提爾對話模式探索核心問題

情緒安撫為什麼很重要?

在接觸薩提爾對話模式之前，我很害怕衝突。在衝突的情緒中，我會感到尷尬、不安、害怕、緊繃。與人衝突時雖然會壓抑生氣或憤怒的情緒，但是在態度上難掩冷漠、疏離的情狀。

為了避免衝突，我會選擇討好的態度，配合對方的需求，可是內心卻感到委屈與無奈。久而久之，便想要避免與對方互動。原本以討好的姿態期待與對方連結，卻因為負面情緒的累積，反而讓彼此疏離。

個體心理學派創始人阿德勒(Alfred Adler)認為:「關係是一把兩面刃，人生的所有煩惱都來自人際關係，相同的，人生的幸福也來自於人際關係。」

阿德勒的人際關係理論雖然為我提供了一面明鏡，看到自己想要與人聯繫的期待，卻未能從他的理論找到適合的方法，協助自己處理人際關係的問題。

直到二〇一四年，在靜宜大學聆聽崇建老師分享薩提爾對話模式後，開啟了一扇連結人際關係的窗口。

美國家族治療大師薩提爾認為：「所有的人際互動，都隱藏著一座冰山。」她用冰山的隱喻，將人類互動時的事件、應對姿態、感受、觀感、期待、渴望與自我，發展為一套探索自我也探索他人的理論。人際互動時的行為表現，有如浮在水面上的冰山，只是很小的一部分，水面下還暗藏著更為巨大的山體，這部分是長期壓抑並被我們忽略的「內在」。

探索冰山底層的關鍵便是要先探索自己與他人的「感受」，唯有覺察自己有哪些感受，才能意識到影響我們做出判斷的「觀點」，以及隱藏或模糊的「期待」，當期待獲得滿足才能與「渴望」連結，覺得自己是一個有價值、有意義、被愛、被肯定、被認同的人，進而從內在產生自我的生命能量，不再受到外在環境的影響。

接觸薩提爾對話模式的初期，我原是為了自我探索，漸漸地運用在師生互動上，後來發現薩提爾冰山理論也很適合作為文本分析的方法，於是嘗試用來探索核心問題。

以下是我在帶領核心問題時，運用冰山理論協助學生「自我探索、沉澱反思、剖析自己思維脈絡」的歷程。

引導學生探索過往的生活事件時，可依據冰山理論的脈絡，先回溯事件的細節，再辨識事件中浮現哪些感受，並判斷這些感受來自於什麼觀點，從而釐清自己對這件事有什麼期待，最後連結深層的渴望，以提升生命的能量。

在引導學生探索自我的內在冰山前，教師可先運用冰山理論分別分析齊景公和養馬人的內在狀態，進行示範性的探索。

水面上的冰山是客觀的事件。對齊景公而言，當下的狀況是接獲愛馬突然病死的消息；就養馬人而言，則是發現齊景公的愛馬因自己的疏失而病死了。這個階段可以引導學生從「當事人的角度」來看待事件。

接下來從當事人的立場，分別想像並理解他的感受、觀點、期待與渴望是什麼（如下圖）。分析齊景公和養馬人內在冰山的歷程可以幫助學生在回答自我探索的核心問題時，充分將自己的冰

分析齊景公和養馬人的內在冰山

齊景公		養馬人
接獲愛馬突然病死的消息	**事件**	景公愛馬因自己疏失病死
傷心、難過、憤怒、驚嚇	**感受**	驚嚇、惶恐、茫然、無措
養馬人害死我的愛馬，該死！	**觀點**	慘了，我沒照顧好景公愛馬
我的悲傷能夠被群臣接納	**期待**	景公能大發慈悲饒我一命
我能被尊敬、信任與愛戴	**渴望**	我盡職的一面能夠被肯定

山各層次表達出來，更能夠試著從衝突事件的對方立場，想像並理解他的冰山狀態。

繪製冰山的歷程，不僅是自我探索與沉澱反思，亦是一種「換位思考」的練習。

晏子透過責備養馬人的理由，先反映齊景公的觀點（養馬人沒有盡職），再同理齊景公的感受（愛馬突然病死的悲傷），便能滿足齊景公的期待（悲傷被晏子接納），最後再將養馬人被肢解的後果提出假設（失去百姓信任、軍心低落、諸侯輕視、國力式微），連結齊景公的渴望（被尊敬、信任與愛戴），齊景公因而改變肢解養馬人的決定，滿足自己成為一名聖賢明君的理想。

〈景公所愛馬死欲誅圉人〉文中，齊景公因愛馬猝死，憤怒之下命人操刀肢解養馬人時，因情況緊急，晏子於是先提出堯舜的名號震懾住齊景公，也就是召喚齊景公的渴望（成為聖賢明君），暫時消解他滿腔的憤怒。

感受與渴望之間，看似隔著觀點與期待，但人內在的感受、觀點、期待與渴望並不是一層一層的隔開，而是彼此連動的。冰山理論只是輔助我們探索的方法，分層論述是為了幫助我們自我剖析、了解內在，其實任何一個層次產生變化，其他層次也都因而改變。

從感受開始探索，是因為情緒是內在的具體反映，然而一般人對於感受是陌生的，是難以辨識的。相較之下，「觀點」是我們所熟悉的，我們的生命中有許多「應該」與「不應該」，這些是在成長歷程中所學習到的規範。

當一件事不符合我們的期待時，最容易被辨識的是「觀點」。例如學生不該遲到，不該在課堂上講話、睡覺、滑手機，應該準時繳交作業，應該尊敬師長等等。若學生沒有做到，老師就容易對學生生氣，或責備自己沒有能力。

但是學生未遵守常規有許多原因，老師一旦沒有覺察到自己的情緒，就很容易用自己的「觀點」為學生貼標籤。若老師能先覺察自己的情緒，才能以深呼吸或停頓的方式，安頓自己的內在，然後與學生核對行為背後的原因。

當學生未遵守常規的狀況情有可原，老師的觀點就會鬆動，情緒就會轉變；情緒轉變後，姿態會平和，學生也能感受到老師的寧靜，而願意與教師親近。

學生透過冰山圖，回顧過往的衝突事件時，無論是像齊景公痛失愛馬的經驗，或者像養馬人犯錯的經驗，都能先自我剖析探索，再換位探索對方的內在，從而可以省思沉澱，並提出自己的思維脈絡寫成文章，表達出自己的見解，完成核心問題所要達到的教學目標，培養閱讀素養。

核心問題的設計，並非只能依循前文提到的收斂聚焦的「歸納」方式。各個學科本就有固定的課程主題或教學目標，因此也可以先設計符合教學目標的核心問題，再依核心問題的脈絡，設計單元問題和具體問題。這種順著教學目標而發展的問題設計，便是「演繹」的方式。

根據核心問題，設計相對應的單元問題，引導學生經由廣泛理解文本內容，進而發展解釋出文本的言外之意，經由統整解釋發展出層次分明、論證有據的詮釋，最後扣合核心問題所要學習的價值或意義。至於具體問題的設計，則須能夠支持回答單元問題所需要的資訊。

從第一次閱讀的經驗而論，所有的學習皆是由具體訊息的掌握開始，才能在廣泛理解的基礎下對文本進行發展解釋，最後才能經由統整解釋領會文本所要傳遞的核心概念。

但對於已經具有教學經驗的教師而言，教材已經非常嫻熟，所以演繹的設計方式，或許較容易上手，各位不妨試試。

07

搭建學習的鷹架——活用「問題設計三層次」

琇芬

問題設計是課程引導的架構；核心問題就如樹根，單元問題如樹枝，具體問題則是樹葉；文本是土壤，可以長出許多樹木。但每一棵樹木有各自的樹根、樹枝與樹葉。層次分明的問題設計能夠為學生搭建學習的鷹架，培養高層次的思考能力。

我在大學授課時，並不根據教材內容逐一講述。請學生購買坊間編錄的教材，主要是為了書中收錄的古籍作品，方便上課時請學生閱讀原文。至於編撰者的說明與詮釋，則是當學生閱讀文本遇到疑惑時，可以自行參考。

教學沒幾年，一名學生怒氣沖沖地在課堂上質疑，說我從來不解說教材，買書沒有用。當時我很困惑，因為我的確是根據教材裡的古籍作品來授課，怎麼會沒有用？

學生拿起學姊傳承給他的舊教材，強調之前教授這門課的老師，都有畫重點、講考題，我卻只是要學生自己看。聽了學生的質問，我有些生氣，認為他只知道從教材裡找解答，只想從老師的講述裡聽到標準答案，怎麼不懂得參斟多方資料，彙整成自己的觀點？我告訴學生，大學的學習著重思辨，而不是背誦答案。文學作品除了基本的字詞和段落大意，需要正確的理解，文章的意涵則需要反覆推敲、辯證申論。

當時，我認為學生思維受標準答案所限，膠著於教材；學生覺得老師教學天馬行空，與教材無關。於是兩相怨懟，彼此心裡便有了疙瘩。

困惑是改變的開始

這些年運用學思達教學模式授課，回想這一段師生衝突，才覺察到那時教學上的盲點。

在運用學思達教學模式之前，我固然也以問答方式授課，但問什麼、怎麼問，常常沒有明確的章法。為了解開心中的疑惑，提升自己的教學能力，自二〇〇九年開始，我積極參與各種教學研習。

從英特爾創新思考教育計畫的研習，了解如何運用層次分明的問題設計，為學生搭建學習的鷹架，培養高層次的思考能力。繼而在人本教育文教基金會所舉辦的創新教學教師營，體驗團隊共備的欣喜，與夥伴激盪出令人興奮的問題設計靈感。

二〇一六年，我聆聽黃國珍老師闡述PISA國際閱讀素養評量中的「閱讀與理解」概念，對於問題設計又獲得更為深刻的理解。

二〇一九年，國珍老師的線上課程「閱讀理解課」對於閱讀理解的五個歷程解說得更為詳細，我在反覆聆聽自學的過程中，結合英特爾的問題設計，發展出更細膩的提問脈絡。

前面三篇文章，我以〈智救養馬人〉和〈景公所愛馬死欲誅圉人〉這兩篇文本為例，詳細示範了問題設計的方法。但因為篇幅較長，不易從宏觀的角度呈現簡要而連貫的問題設計概念。所以本篇以《韓非子．說難》中的小故事「宋人疑鄰」為例，示範如何將「英特爾的問題設計」與「國珍老師闡釋的PISA閱讀歷程」兩者融合運用，設計為課程引導的問題脈絡，建立學生的學習鷹架。

「宋人疑鄰」描述宋國一位富人，家中的牆因為下雨而倒塌。富人的兒子見狀，擔心的說：「這牆若不趕快修好，恐怕會引來盜賊。」鄰家的老人也是這麼提醒他。當天晚上，富人家中果然被偷盜了許多財物，家裡的人認為富人兒子的判斷很正確，卻懷疑偷竊財物的就是鄰家的老人。

第一層學習鷹架：具體問題

根據這篇文本，我設計以下三道具體問題，為學生搭建第一層學習鷹架：

宋有富人，天雨牆壞。其子曰：「不築，必將有盜。」其鄰人之父亦云。暮而果大亡其財，其家甚智其子，而疑鄰人之父。

（《韓非子．說難》）

閱讀思考題

1 這篇故事的起因是什麼？（**具體問題／擷取訊息**。答：天雨牆壞）

2 富人之子和鄰人之父，皆因天雨牆壞做出什麼推論？（**具體問題／擷取訊息**。答：不築，必將有盜）

3 牆毀當晚，富人家中果然遭致偷盜，富人一家認為是誰所竊？（**具體問題／擷取訊息**。答：鄰人之父）

「具體問題」的目的，在於促使學生熟讀作品，提取文章中的重要資訊。這類問題屬於封閉性質，學生閱讀時須專注於「事實性訊息」，亦即依照問題找到文本裡的正確答案。「具體問題」設計的目的，與國珍老師談論閱讀歷程時所提到的「擷取訊息」是相似的，亦即直接從文章裡面，提取事實訊息。

以上三個問題的答案，無論是「天雨牆壞」、「不築，必將有盜」或「鄰人之父」，都是文本中具體存在的訊息。

我認為這是閱讀本文非常重要的基礎，除了引導學生找到文本中重要的訊息，更能檢核學生是否讀完內容或者讀懂字詞、段落的意思。

第二層學習鷹架：單元問題

「單元問題」的主要目的，是培養學生「理解、分析、歸納、推論及解釋文本訊息之間的關聯」之能力。這類問題屬於半開放性質，學生須分析或歸納文本中所擷取的訊息，在「根據文本內容」的前提下，允許學生發展獨特的答案及創意的想法，培養學生詮釋文本的能力。

以下三道單元問題，先以「廣泛理解」掌握文本主要脈絡，再從「發展解釋」引導學生思考文本沒有說明的言外之意，最後經由「統整解釋」的提問，引導學生詮釋文本的意涵，搭建第二層學習鷹架：

閱讀思考題

4　富人一家為什麼懷疑鄰人之父是偷竊財物的人？（**單元問題／廣泛理解**）

5　導致富人家中被竊的主因為何？（**單元問題／發展解釋**）

6　富人之子和鄰人之父，皆說出相同的看法，為什麼前者被稱讚，後者卻被疑為竊賊？（**單元問題／統整解釋**）

從具體問題到核心問題之間，需要經歷許多上位概念的凝練與提升，這個歷程難以用「單元問題」一詞來含括。因此融合閱讀歷程中的廣泛理解、發展解釋與統整解釋，得以為學習歷程搭出三道清晰的鷹架。

「富人一家為什麼懷疑鄰人之父是偷竊財物的人？」這個問題的目的，要引導學生根據文本訊息分析、歸納出故事的脈絡。文本中出現的角色只有富人、富人之子、鄰人之父，潛藏在文意中的還有富人一家人。文中提到富人一家懷疑偷竊財物的是鄰人之父，但沒有提到原因。學生需要經過分析與歸納，補上這段空白。

國珍老師認為，廣泛理解意指能夠掌握事件的完整性，清楚事情的前因後果，以做出正確的判斷。換言之，在擷取訊息的階段，只是找到文章裡的重點，但這些重要訊息之間的關聯性是什麼，需要進一步分析與歸納，才能初步掌握文本的全貌。

為什麼富人一家懷疑鄰人之父？

首先，鄰人之父是文本中除了富人一家的唯一關係人，既強調是「外牆」崩壞，所以竊賊應是外人而非家人。

其次，鄰人之父也看到了富人家的外牆因大雨而崩壞，因此他有可能心生動機。

最後，鄰人之父也提出「不築，必將有盜」的觀點，表示他也想到了「偷盜」這件事。

根據這三項分析，可以歸納出富人一家遭竊後，對鄰人之父心生懷疑的歷程。這個階段便是透過廣泛理解，掌握故事中角色、事件與結果的關聯性，推展出合理的脈絡。

「導致富人家中被竊的主因為何？」這個問題的目的是要根據事實，解釋故事的結果。

廣泛理解是根據文本訊息，分析、歸納出其間的關聯性；發展解釋則是根據重要訊息之間的關聯性，形成解釋。

富人懷疑鄰人之父是偷竊者，這只是文本所呈現的表面故事，事實上究竟誰才是盜賊？文本並沒有提出解答，但讀者可以思考，富人家中為什麼發生盜竊之事。

首先，因為大雨使得外牆崩壞，這是客觀事實，也是引發竊賊覬覦的原因。其次，富人之子雖然知道外牆不趕快修繕，將可能發生盜竊之事，但當晚仍然發生家中財物被盜之事，可見外牆並沒有修繕。

國珍老師認為，發展解釋是從原因形成觀點和解釋的過程。我將之詮釋為：根據廣泛理解的分析與歸納，做合理的推論或解釋，尤其是對文本的空白處或文本的意涵，發展出具有說服力的觀點。

回到故事來看，富人家的外牆沒有修繕才是被竊的主因。看見了問題，卻沒有立即改善，才是導致後果的癥結所在。這是潛藏在文本後面沒有寫出來的原因，也是理解文本意涵很重要的依據。

「富人之子和鄰人之父皆說出相同的看法，為什麼前者被稱讚，後者卻被疑為竊賊？」這個問題的目的，是要判斷出文本的深刻意涵。

兩個人提出同樣的看法，卻有不同的評議，這個問題首先要釐清「誰」是做出評議的人？根據文本，評議者是富人一家人。

釐清評議者的身分後，須再思考，這個評議者的觀點是怎麼來的。

為什麼要探討評議者的觀點？我認為這不僅是文學閱讀非常重要的能力，更是人性理解非常重要的素養。

國珍老師認為，統整解釋是在閱讀的歷程中，能發展出文本的上位概念或核心觀點。依據上述定義來看，富人之子是「家人」，鄰人之父是「外人」，兩者之間的上位概念就是「親疏之別」。

富人之子看到了外牆壞損，沒有積極勸告家人趕緊修繕或做預防，導致夜裡遭竊，卻沒有被家人責備，這是因為關係親密所致；鄰人之父看到富人家外牆崩壞，已經盡了提醒之善意，反而遭到懷疑，這是因為關係疏遠之故。

根據關係的親密或疏遠，可以了解富人一家為什麼會讚美自家孩子頭腦聰明、判斷正確，卻懷疑鄰居老頭子是偷竊財物的盜賊。

關係的親疏遠近，是文本中沒有具體寫出的內容，而是必須在閱讀之後再三思辨才能獲得的抽象觀點。

當學生從具體問題找到文本中的重要訊息，再判斷單元問題中所獲得的推論與解釋，將能理解這則故事所要傳達的意涵是：關係的親疏遠近，會影響一個人對客觀事件的判斷。

第三層學習鷹架：核心問題

有了以上六題的學習鷹架，最後請大家一起來思考：「若是富人向鄰人之父提出指控，而你是仲裁者，該如何引導雙方達成良好的溝通？（**核心問題／省思評鑑**）」

核心問題設計的目的，是希望學習者將閱讀歷程所獲得的知識，連結原有的知識與經驗，根據自己的思辨提出觀點。

核心問題引導學生思考的是重要而恆久的概念，答案無法在書本上找到，且通常是生活中的重要問題。

這個階段要建立學生高層次的思考，從學習者成為創造者，剖析自己的思維脈絡，並且能夠予以應用。我認為這個定義與PISA國際閱讀素養評量中的省思評鑑歷程是相似的。

國珍老師認為，省思評鑑的問題關心的是：「回答的人如何運用自己的價值觀或生命經驗，來回應問題。」透過回答這個問題，連結生命、深化經驗、完成學習。這是省思評鑑第一層的意涵，另一層意涵則是省思評鑑自己對文章的觀點、立場，目的在於檢視自己是否太膠著在個人所看到、所理解的面向，忽略了其他角度的可能性；覺察並省思自己能不能換位思考。

從省思評鑑的理論來看，故事中的富人一家便是從自己的立場來詮釋家中遭竊的結果，忽略了自己的責任，不假思索的為鄰人之父貼上標籤。

身為讀者的我們雖然看到了富人一家的盲點，但若身為仲裁者，又該如何讓雙方得到良好的溝通，並且提升守望相助的鄰居情誼？這已不再是文本所能提供的答案，而須連結學習者過往的知識及生命經驗才能回答。

省思評鑑的問題，不宜只局限在個人思維，需要小組討論，更需要教師在大班交流時，引導學生充分思辨、表達，最後總結全班的意見，得出更為周全、完整的觀點。

思考筆記

問題設計是課程引導的架構；問題缺乏脈絡，課程就會失去方向。

問題設計的三層次：具體、單元、核心，像一座金字塔。具體問題較多，目的是為閱讀理解奠下穩定的基礎，訊息周全，基礎才能穩固。單元問題較少，且須根據具體問題的內容來設計。具體問題與單元問題之間的關係非常緊密。

一篇文本往往有多重脈絡，教師基於授課時間的考量，必須在脈絡中有所取捨，否則課程的引導將會紛亂，學生的學習無法建立系統，學習成效也就不易彰顯。

核心問題只有一題，且是課程引導的目標，所有具體問題和單元問題，都是為了引導學生思考核心問題而規劃。

意涵豐富的文本很可能可以發展出其他核心問題，但每一個核心問題所演繹的單元問題及具體問題，就會有所差別；換言之，由不同的具體問題和單元問題所歸納的核心問題，也會有所不同。舉例而言，核心問題就如樹根，單元問題如樹枝，具體問題則是樹葉；文本是土壤，可以長出許多的樹木，但每一棵樹木有各自的樹根、樹枝與樹葉。

意涵深遠的文本，有如養分豐富的土壤，可以發展出許多核心問題。例如魯迅在《絳洞花主．小引》中論《紅樓夢》云：「經學家看見《易》，道學家看見淫，才子看見纏綿，革命家看見排滿，流言家看見宮闈祕事。」

魯迅的評論固然反映讀者主觀的理解，也說明教師在引導學生閱讀文本時，核心問題除了根據教材裡的教學目標，亦可能反映出教師主觀的閱讀理解。

核心問題雖沒有標準可言，但在有限的授課時數中，教師必須根據明確的核心問題，設計單元問題和具體問題作為學習鷹架，協助學生討論與思考，進而培養學生個人的閱讀理解，成為可遷移的學習能力；並鼓勵學生建構自己的閱讀理解脈絡，發展出個人對於文本的獨特見解。

此外，核心問題還有層次之分。在一篇文本中，有根據文本所設計的核心概念；數篇不同文本，亦能歸納出共同的核心概念。例如，白先勇的《台北人》共有十四篇短篇小說，每一篇皆有其核心概念，十四篇小說亦能歸納出共同的核心概念。因此核心概念必須是高層次的抽象思維，不是只為一篇文本而存在，而是與其他相關主題共有的概念。

教師根據文本的核心概念，設計成核心問題。核心問題像一道橋，能夠連結文本與學生的生命經歷。教師透過核心問題，引導學生從文本這端，走向生活的實踐與運用，如此文本中的知識才能真正融入學生的生命經驗，為學生所用。

08

古文，離孩子並不遠——國文學思達（上）

琇芬

學思達的教學歷程，讓學習除了師生的縱向互動，也能使學生之間彼此觀摩討論。教師鼓勵自由發言的態度，激發學生的奇思異想，也活絡課堂的學習氛圍。進度看似緩慢，但能讓學生願意思考、樂於互動、提出見解。

教師，不再只是答案的提供者，而是思考與表達的催生者。

創意不是發明，而是能換一個角度看相同的事物。

大學國文與高中以前的國文，有什麼不同？我常問學生這個問題，更不斷問自己這個問題。我認為，大學國文不宜再以作者和文本的知識為學習重點，而是要引導學生深入理解作者如何觀察並體驗生活中的事物，從而培養學生於日常生活中觀察、體驗，並為生命經歷賦予意義的能力。

一九七二年，國立編譯館刪修沈復《浮生六記．閑情記趣》中的「幼時閑情」，選編入國文教科書，篇名定為〈兒時記趣〉，成為國中教材中第一篇文言文。二〇〇二年推行九年一貫課程綱要，國、高中教科書開放後的多元化市場下，〈兒時記趣〉仍被許多出版商選為教材，一直是學子們求學歷程中必讀的作品、共同的回憶。

所以在大學的第一堂國文，我希望在學生的先備知識下，帶領學生閱讀〈閑情記趣〉裡「幼時閑情」的完整版本，讓他們回顧國、高中以前的國文學習經驗，從而思考對於大學國文有什麼不同期待。最後引導學生學習沈復如何經由觀察、體驗、想像、選擇與組合等過程，將生活經驗轉化為寫作的材料。

在大學的課堂上，如何以學思達教學法帶領學生賞析「幼時閑情」？我根據近幾年的教學經驗，虛擬十位不同學習特質的學生。這十位學生在真實教室裡都可以看到，或勤奮認真，或舉一反三，或善於思辨，或固著於標準答案、或喜歡表達卻常失焦，或愛上網等等。以下將示範教師如何在授課的過程中，與學習特質不同的學生對話。

學思達的教學模式有五個步驟，分別是「學生自學」、「思考問題」、「小組討論」、

「師生問答」、「教師統整」。這五個步驟並非循序發展，教師可以針對學科性質、班級特色，以及教學風格自行調整。在本篇示例中，將會呈現這五個步驟的歷程。

學思達教學模式在自學階段，須提供學生自學講義。教師如果來不及製作講義，其實也有變通之法，我個人經常只用學校指定教材上課，這篇示例也僅以文本為主，加上簡單的注釋。

講義是學思達的精髓，於自學階段培養學生閱讀理解、建立思考歷程、組織系統化思維的能力。學思達講義包含「設計問答題」、「補充學生足以自學的資料」、「補充更多課外資料」及「連結學生的評量測驗等四項重點。關於講義的製作，請詳閱張輝誠老師的《學思達增能》心法一〈講義製作力〉，各位將能獲得完善的理解。本篇文章主要由問題設計出發，以課堂為場景，透過師生互動的對話方式，呈現沈復「幼時閑情」這篇文章的授課歷程。

我首先說明今天要閱讀的文本，再請學生先閱讀「幼時閑情」的第一段，並思考我所設計的問題。這個階段文本簡短、注釋清楚、問題明確，所以是將「學生自學」與「思考問題」合併在一起。

學生自學與思考問題後，再進入小組討論階段。

余憶童稚時，能張目對日，明察秋毫。見藐小微物，必細察其紋理，故時有物外之趣。

注釋

1 余：我的代稱。

2 明察秋毫：秋毫是指鳥獸在秋天所生的細毛，比喻微細的事物。明察秋毫是形容視力敏銳、觀察細微之意。

3 物外之趣：事物本身以外的聯想與趣味。

閱讀思考題

● 幼時的沈復，具備什麼能力或特質，因而可以領會「物外之趣」呢？（從文本中擷取訊息，找到標準答案，個人閱讀＋小組討論：五分鐘）

這個題目是封閉式的具體問題，小組討論整合後，便可以進入師生問答階段。

營造自在的討論氛圍

師生問答是我在上課時主要的互動方式。教師引導回答，是為了協助學生將簡單的、片斷的答案，組織成有系統的思維脈絡。

課程剛開始時，學生不易主動回應，所以採用指定方式邀請學生回答，較能打破沒人回應的尷尬場面。

老師　請第一組的代表同學，回答小組討論的結果。

莉莉　能張目對日。

大部分學生回答問題時，只回答簡單的幾個字。答案固然與預設的內容相符，但無法了解學生的思考歷程，因此我會先重複學生的答案，然後再繼續引導學生思考與表達。

老師　**沈復為何能夠張目對日？**（重複學生回答內容，並追問原因）**他想要表達什麼？**

莉莉　（引導學生推論文本意涵）

表示他的眼睛很厲害，能對抗強光。

老師　**這個推論不錯。**（給予適當肯定）**還有哪位同學能夠提出其他想法？**

我希望有更多學生加入討論，除非學生能充分表達，否則讓更多學生參與，一來可以廣泛了解學生的閱讀與理解情形，二則能營造輕鬆自在的討論氛圍，使學生願意參與。在我的班級裡，已經建立安全的發言氛圍，因此只要有第一位學生發言，接下來就會有其他學生願意發言。若沒有人發言，我會繼續採用指定方式。

毅文　這應該是誇飾法，沒有人可以張開眼睛直視太陽，所以沈復只是要強調他的眼力很好、眼睛很健康。

老師　**毅文從寫作技巧提出看法，這個推論頗有見解。還有哪位同學有不同的看法？**

明芳　我認為「張目對日」應該是和「明察秋毫」一起理解，而不是單獨解釋。

老師　**哦！怎麼說呢？**

明芳　張目對日固然是要強調他不畏強光、適應力很好，但是眼睛好只是前提，目的是要說明他有很好的視力，能將物體的細節看得很仔細。否則只說明眼睛不畏強光，並不能說明有什麼作用。

老師　明芳的理解很有統整力。「張目對日」表面上是不畏強光，亦可能是以誇飾法暗指他的眼睛適應力極佳；「明察秋毫」則指視力良好，能清楚分辨事物的細微之處。

學生回答後，教師須針對回答的內容予以適當的肯定。肯定的方式點到即可，避免產生比較心態。因為許多回答的內容是在小組討論時獲得，但小組成員有些人積極主動，有些人含蓄害羞，因此若在大班交流時間，刻意讚美某位同學，反而影響小組氛圍。此外，大班交流著重在問題的討論，對表達的學生適當肯定，亦可保持討論歷程的流暢。

老師　接下來請第二組代表，說說沈復領會物外之趣，還需要具備什麼能力或特質？

元融　好奇心。

老師　好奇心？文本裡沒有提到好奇心，你們的答案是怎麼推論出來的？

第一題的提問，目的是要了解學生擷取訊息的能力。但元融的答案顯然是閱讀後的推論，因此需要了解他推論的脈絡，才能得知這個答案是根據文本的哪個地方推論而來，以避免學生誤讀。

元融　文本裡說「見藐小微物，必細察其紋理」。沈復如果看到藐小的東西，必定會仔細觀察它的紋理。

老師　文本的確這麼說。但只是看到藐小的東西必定會觀察它的紋理，就能算是好奇心嗎？

元融　因為一般人可能不會這麼無聊（學生講完答案，自覺沒有說服力而笑了，全班也跟著大笑）。

老師　雖然元融沒有明確回應老師的提問，但還是謝謝你的回答。小組有同學要補充嗎？

回答問題時跳脫文本，是常見的情況。學生會有許多理所當然的回應，這類回應不必然表示閱讀理解有問題，只是缺乏清楚的理解脈絡。

此時不宜繼續追問，可以根據學生積極表達的態度給予正向肯定，再邀請其他學生回答問題。學生雖然沒有順利回答問題，但通常會注意聆聽其他同學的回應，這個歷程能幫助學生建立理解脈絡。

小林　一般人在日常生活中不會注意小東西，但沈復卻特別提到「見藐小微物」，可能他平時就會去看小東西。不只是看小東西，還仔細觀察小東西的紋理，這更顯出他與眾不同的行為。所以我們覺得能注意到別人不會有興趣的地方，這就是好奇心。

老師　小林的詮釋非常細膩，這是你們小組的討論結果，還是你個人的想法？

小林　我本來沒有這些想法，是在小組討論的過程中才想到的。小組討論的時候，我也只是有一點模糊的概念，沒想到站起來表達後，這些想法就變得比較清楚了。

老師　小林，我很欣賞你的勇氣，也很喜歡你的詮釋，謝謝你和大家分享。

當學生在大班交流時，已經能說出教師期待的答案後，便可以進入教師統整階段。

老師　在剛才的討論中，同學可以發覺沈復小時候不只喜歡觀看，更對藐小的事物有極高的興趣，並經由仔細辨察微物的紋理，才能從中發現令人意外的樂趣。

經由這段討論，希望各位能了解：物外之趣不只是一種觀察的方式，更是一種生活的態度。

想要領略物外之趣，不只要能看見，還要能看得清楚。看得清楚，是領略物外之趣的基本條件，在此基礎上還得思考兩個問題：選擇看什麼？要怎麼看才能清楚？

第一個階段大約十五分鐘的時間：兩分鐘自學與思考，三分鐘小組討論，十分鐘師生問答及教師統整。雖然只帶領學生閱讀一段文本及一個問題，但這個階段的暖身非常重要。學生剛進教室，或姍姍來遲，或意興闌珊，或思緒不佳，這十五分鐘的學思達流程，讓自學時搞不清楚狀況的學生，可以在小組討論時逐漸融入；讓小組討論時還不明白的同學，在師生對話時，聆聽同學的回答以及老師的提問，逐漸理解脈絡。

一旦課堂暖場後，學生猶如上了發條，便可以轉動起來。

連結學生的生活經驗

「物外之趣」是一個抽象概念，理解並學習作者如何表達，是這個階段的引導目標。接下來請學生閱讀第二段的內容，自學並思考四個具體問題：

夏蚊成雷，私擬作群鶴舞空，心之所向，則或千或百果然鶴也。昂首觀之，項為之強。又留蚊於素帳中，徐噴以煙，使其沖煙飛鳴，作青雲白鶴觀，果如鶴唳雲端，怡然稱快。

注釋

1 心之所向：內心的嚮往與憧憬；此處意指內心的相信與想望。

2 項為之強：脖子因為保持同一個姿勢太久而僵硬。

3 怡然稱快：因為開心而連連發出暢快的聲音。

閱讀思考題

1 沈復將蚊子比喻為什麼？

2 他在戶外觀看蚊子時，以什麼狀態形容自己好奇投入的結果？
3 沈復做了什麼事，讓觀看蚊子的活動有了變化？
4 他在室內觀看蚊子時，以什麼狀態形容自己專注投入的結果？
（從文本中擷取訊息，找到標準答案，閱讀思考時間：五分鐘）

文本閱讀最基礎的鷹架便是具體問題，目的是引導學生擷取文本重點。這個歷程除了能檢核學生的理解能力，並且能奠定討論的基礎資訊。因問題較簡單，通常只須直接邀請學生回答，若答案正確，其他學生亦能掌握重點，跟上學習進度。

老師　這四個具體問題並不困難，有哪位同學願意回答？

宗翰　沈復將蚊子比喻為白鶴。

筱雲　以脖子因為長時間抬頭看蚊子而僵硬的狀態，形容沈復好奇投入的結果。

春華　沈復把蚊子抓到蚊帳裡，並且朝著蚊子噴煙，不再只是抬頭看蚊子。

明芳　沈復把在煙裡飛來飛去的蚊子想像成鶴唳雲端，開心得連聲叫好，表現出專注投入的結果。

老師　同學們都找到了這些具體問題的答案。接下來請各組討論以下問題。

閱讀思考題

1 沈復觀看蚊子，可以分為哪兩個歷程？（**具體問題／擷取訊息**）

2 在第一個歷程中，沈復如何將蚊子想像為白鶴？（**單元問題／廣泛理解**）

3 在第二個歷程中，沈復如何創造出怡然稱快的情境？（**單元問題／發展解釋**）

（小組討論：十分鐘）

學生在創作時，經常出現跳躍的場景，或理所當然的推論。「幼時閑情」中沈復觀看蚊子的歷程，很適合帶領學生了解如何透過實例，具體且有層次的描述環境與內在的變化狀態。

老師　請第三組的代表說說看：沈復觀看蚊子的敘述，可以分為哪兩個歷程？

大明　第一個歷程是在戶外觀看蚊子，將蚊子想像成白鶴，因為好奇心與想像力的加乘效果，讓沈復深深為之著迷，不知不覺看得太久，脖子因而僵硬痠痛。第二個歷程是沈復將蚊子抓到蚊帳裡，還用噴煙的方式製造白雲的效果，把在煙裡飛來飛去的蚊子想像成在白雲裡飛舞鳴叫的白鶴，因為看得太開心了，還連連叫好。

老師　很好，第三組清楚說明了沈復觀看蚊子的兩個歷程。不過，我想再和第三組核對幾個問題。首先，根據文本的敘述，沈復是怎麼發現蚊子的？

第三組的同學雖然摘要式的回答問題，但未能掌握文中幾個關鍵的訊息。因此可透過提問引導學生思考：觀察生活中的事物時，須注意哪些時機與地點的線索，以重溯事件的整體細節，鋪陳出生活感。

大明　嗯……應該是先聽到蚊子的聲音。

老師　什麼聲音？

大明　像雷一樣的聲音。

老師　蚊子的聲音，是怎麼發出來的？

大明　嗯……應該是蚊子在飛的時候所發出的嗡嗡聲。

老師　沒錯，是蚊子振翅的聲音。那是在什麼季節呢？

大明　夏天。

老師　是的，夏天。大明，老師請你再想想，要有多少隻蚊子一起飛，才會有像雷一般的聲音？

大明　哈哈，應該好幾百隻吧！所以沈復才會說「或千或百」。

老師　大明能夠根據文本說出答案，非常好。不過即便有幾千或幾百隻蚊子，振翅的聲音，真的會像雷聲嗎？

大明　應該不會吧！我想，沈復這裡是用誇飾的修辭來描述蚊子的聲音。

老師　很好，我也認為這裡用的是誇飾法。我還有一個問題，大明，你認為什麼時間點，才會有這麼多隻蚊子同時出現呢？

大明　可能是黃昏。我記得國小在學校的操場玩到黃昏時，頭上總會跟著一群蚊子，不管我怎麼用手去揮，或者快跑，蚊子都會跟在我的頭上。

老師　謝謝大明分享具體的例子，各位同學是不是也有類似的經驗？（同學紛紛點頭互相私語）**從大明所舉的例子裡，大家心裡有沒有畫面呢？是否浮現小時候的沈復在傍晚時分，抬頭看著頭頂的蚊群，想像那些蚊子是一群白鶴的畫面？**

鼓勵學生說出困惑

像大明這類經由提問便能激發思考的學生，應該非常普遍。一開始大明已能掌握七成的理解，因此教師可以透過提問，協助建立清楚的思考歷程。從文本的細節，連結學生的日常經驗，以貼近作者的生活。

因此即便是封閉式的具體問題，若能善於引導，可使學生從文字的理解扣連到自己的過往經歷，至此文學閱讀便不止於賞析，更是一種體驗性的領會。

但大部分的學生並不習慣思考，即便小組討論出一些想法，也會擔心是否正確。如何鼓勵學生表達，並循序漸進引導他們思考，以下將於師生問答的過程中解析說明。

老師　接下來，請第四組同學回答第二題「在第一個歷程中，沈復如何將蚊子想像為白

鶴？」

宗翰　這一題我們也很困惑，所以答案不是很確定。

老師　沒關係，宗翰說說看小組討論時，有哪些疑惑？

思考問題時，學生若找不到答案很正常，因為在過往標準答案式的學習習慣中，學生很畏懼「說錯答案、講錯話」，但是錯誤的答案或者思考過程的疑惑，正是啟發學生思考很關鍵的歷程。

答案錯誤只是思考尚不完整，但已經啟動思考。思考一旦啟動，便能朝向解答的方向。若教師只給學生所謂的正確答案，而不是培養學生思考歷程，學生只會更擔心自己說的對不對，難以建構思考的脈絡。

宗翰　沈復一開始只說夏蚊成雷，然後馬上就說自己把蚊子比擬為在天空飛舞的白鶴。從雷聲到白鶴，除了都在天上以外，並沒有任何關聯。

老師　你們的觀察很仔細，從夏蚊成雷到群鶴舞空，的確沒有足夠用來合理推論的線索，只能說這是沈復主觀的想像。

宗翰　既然只是沈復的主觀想像，那我們為什麼還要再繼續討論呢？

老師　嗯，我了解你們的困惑了。

師生問答的歷程，不只是請學生說出思考後的想法，更重要的是知道學生學習的困惑。知道學生的困惑，不是直提提供答案，而是針對學生的困惑，繼續提問。

此時考驗著教師的應變能力。首先教師必須在設計問題時，能通透理解問題設計的架構以及細節的串聯關係，一旦遇到學生的困惑點，才能適時提出問題，引導學生思考。

相同的教材，在不同的班級中，可能出現不同的學習問題，所以教師須具有平靜應對的能力，接受這些預期外的狀況。這也是實施學思達教學的教師為什麼需要藉由薩提爾成長模式安頓內在，並將薩提爾對話模式運用在教學中，對學生的疑惑進行正向好奇的提問。

老師　這樣好了，我們仔細推敲一下文本內容。請宗翰判斷一下：「私擬作群鶴舞空，心之所向，則或千或百，果然鶴也。」這三個句子中，哪一句是讓沈復把蚊子想像成白鶴的關鍵句？

宗翰　私擬作群鶴舞空。

老師　**你可以把這句話簡單翻譯看看嗎？**

宗翰　私自把蚊子比擬成一群白鶴在天空飛舞。

老師　**很好！如果用修辭法來說明，這一句用的是什麼修辭？**

宗翰　應該是譬喻法吧！

老師　**沒錯，的確是譬喻法。所以在這句話中，沈復把蚊子譬喻成白鶴，是嗎？**

宗翰　嗯。

老師　**除了「私擬作群鶴舞空」外，剩下的兩句，哪一句和「想像力」較有關係？**

宗翰　是「心之所向」嗎？

老師　**你可以說說看「心之所向」是什麼意思嗎？**

宗翰　注釋中說「心之所向」意指內心的相信與想望。我們覺得可能是沈復內心真的相信眼裡所看到的是白鶴，有點像自我催眠，於是蚊子就變成白鶴了。（全班大笑）

文言文用字精簡，學生需要補足字意或句意之間的空白，才能掌握段落意涵。宗翰的回應，反映出我在國文教學中常遇到的情況。學生能一字一句的解釋，卻無法廣泛理解。從宗翰的例子來看，他能夠清楚解釋每一句的意思，卻無法理解每一句之間的關聯，因而資訊仍是片段存在，難以形成完整的意涵。

為了讓宗翰這類學習特質的學生明白完整的段落意涵，我經常會舉出其他相關的事例，協助學生了解文意。

老師 宗翰的解釋其實不無道理。「心之所向」是沈復將蚊子視為白鶴的關鍵句，或許有點像自我催眠，可是各位會不會好奇，自我催眠能為沈復帶來什麼好處？為了讓各位更了解「心之所向」的意涵，我來說個故事吧！各位有沒有看過電影《大智若魚》（*Big Fish*）？主角艾德華生性熱愛自由，成年後離開家鄉浪跡天涯。旅途中他見過巨人、遇見巫婆、聽過連體歌手唱歌等等，經歷了許多奇幻事件。他將這些歷程說給別人聽，也說給自己的兒子威爾聽。威爾小時候著迷於父親的經歷，長大後發現父親仍然將這些不可思議的故事掛在嘴邊，便認為父親只會渲染誇大，活在謊言中。直到艾德華去世，那些故事裡的人物都出現在葬禮上，雖然巨人只是身高比別人高、連體歌手實際上是一對雙胞胎，但威爾終於了解父親並沒有說謊，他只是以

「想像」豐富了自己的經歷，以「寓言」詮釋自己的人生。

片尾，威爾深有所感地對兒子說：「他（艾德華爺爺）不停的說著故事，最後成了故事中的人，故事在他身後流傳，藉此，他永垂不朽。」

各位覺得艾德華與沈復有什麼相似之處？請各組討論三分鐘。

老師 **有哪一組願意先分享你們討論的結果？**

毅文　我們認為艾德華和沈復都有很強大的想像力。

老師 **無論是幼時的沈復或是《大智若魚》裡的艾德華，固然都有豐富的想像力，但究竟是什麼關鍵，讓他們的世界觀與一般人不同？毅文，你能不能再舉例說明他們兩人想像力的表現，有什麼相似之處？**

毅文　艾德華把長得較高的人想像成巨人，把雙胞胎想像成連體歌手，就像沈復把蚊子想像成白鶴，他們透過想像力將生活中的所見所聞加以渲染，並且視為真實。

老師 **毅文的舉例與說明很清楚。還有哪一組可以補充說明嗎？**

明芳　艾德華和沈復都喜歡說故事，所以都成了故事裡的人，並且永垂不朽。

老師 **他們兩人的確都很會說故事，但說故事怎麼就能永垂不朽呢？能不能多說一點？**

明芳　嗯……艾德華雖然酷愛自由，到處遊歷，但是他把所見所聞分享給朋友，也說給自己的兒子聽，這是「關係」的連結。

如果一個人只是到處遊歷，沒有分享，也就無法將自己的經歷流傳下去。

沈復雖然沒有像艾德華一樣到處遊歷，但他透過想像力擴大了對外界的興趣，使他創造出奇幻而美好的景象，最後再用文字記錄自己的故事，我們才能看到他的童年生活趣事。

老師　明芳這組掌握了「故事」的影響力，並且能清楚舉例說明，非常好。

毅文和明芳的回答都有些空泛。「豐富的想像力」和「說故事且永垂不朽」，這類回答都是下了結論，卻缺少推論。然而「推論」才是建立思考脈絡的重要歷程。

在這類缺少推論的回答中，教師可以先複述學生的回答，再追問他們如何獲得這個答案。例如請學生舉例說明，他們就必須從文本中找到相對應的內容來解釋，或者在「多說一點」的時候，將思考脈絡陳述出來。

許多學生在寫國文習作時，經常只寫些抽象的形容，或者老生常談的道理，就像穿了一襲華服，可是打開衣服一看，卻是空洞的。

因此在提問時，要求學生「根據本文舉例說明」的目的，除了引導學生理解「舉例」能讓創作生動立體，更強調言而有據的推論，才能有效傳遞觀點。

老師 **我們再回到「心之所向」來談談。第五組的同學能夠說說看嗎？**

昌平 我們這組原本只從注釋來了解「心之所向」的意思，也就是內心的相信與想望。但經過老師的舉例，也聽了老師的提問和同學的回答後，我多了一些想法。我想，當一個人打從內心相信並憧憬著一件事物時，眼前所看到的事物就成了內心所相信的樣子了。所以當沈復內心將蚊子想像成白鶴時，眼中所見就真的看到一群白鶴了。

老師 **昌平的理解頗為細膩，你能不能再說說看，日常生活中有什麼例子類似「心之所向」的結果嗎？**

昌平 情人眼裡出西施，算是「心之所向」的結果嗎？（全班大笑）

老師 **昌平的類推很有趣，「情人眼裡出西施」這句話有移情作用的意涵。當我們真心喜歡一個人的時候，對方的外貌言行在自己眼裡都是美好的。這也說明了我們對於客觀現象的理解，往往帶著主觀的色彩。**

昌平的舉例，可以幫我們更加理解當沈復將蚊子想像成白鶴的歷程，是一種移情的作用，也就是沈復所說的「心之所向」。

回到文本，「私擬做群鶴舞空」，亦即將蚊子擬想成在空中飛舞的群鶴，這只是「看起來像」的譬喻。但是真正讓沈復投入其中，則須經過「心之所向」的轉化。心之所向的轉化，彷彿自我催眠。也就是心裡必須真的將蚊子視為白鶴，打從心裡認為眼前所見即是白鶴，才能到達「或千或百，果然鶴也」的情境。

學思達教學模式最後一個步驟是「教師總結」。當學生表達的內容，已達教師期待的狀態後，教師基於教學進度及知識整合的需求，適時將學生討論內容予總結，並補充理論性的觀點。

主導討論，避免失焦

「幼時閑情」一文除了引導學生了解想像力的作用及影響，目標更在於說明「移情作用」如何反映在文學及生活之中。

「沈復如何將蚊子想像為白鶴？」這個問題的關鍵句，我設定為「心之所向」。「心之所向」與「想像力」的差別，在於前者是「移情作用」，後者僅是「聯想」或「譬喻」。

老師 **我想要再提一個問題。文本中描述：「夏蚊成雷，私擬作群鶴舞空，心之所向，則或千或百果然鶴也。」在這一句裡「果然」若作為轉捩點，「果然」之前和之後的歷程，有什麼差別？**

明芳 在「果然」之前，蚊子看起來像一群白鶴在天空飛舞；「果然」之後，眼前出現的不再是蚊子，而是真實的白鶴了。

老師 **明芳的說明很具體，也指出「果然」之前和之後，蚊子在沈復眼中的差別。有沒有同學可以將這個歷程用上位概念來說明？**

筱雲 在「果然」之前，群鶴舞空只是「譬喻」的階段，單純覺得天上飛的蚊子好像在空中飛舞的群鶴。在「果然」之後，心之所向發揮了效果，也就是發生了「移情作用」，所以眼前不再是蚊子，而是真真實實的白鶴了。

老師 **筱雲的理解非常明確！正因為經由「心之所向」的轉化，蚊子已成了白鶴。抬頭看著眼前飛舞的白鶴，幼時沈復忘我地陶醉其中，竟不覺時間流逝，導致脖子因長久**

仰視而僵硬。

沈復看到蚊子聯想到白鶴，可能與生活經驗有關，若是你們也對蚊子發揮聯想，會想到什麼？

宗翰　魔獸！（全班大笑）

老師　看來大家似乎都懂得宗翰的譬喻。除了魔獸，還可能想到什麼事物呢？

宗翰　飛機。

老師　哦！為什麼是飛機？

宗翰　因為蚊子和飛機都會飛。

老師　還有嗎？

宗翰　嗯……空拍機。沒錯！黃昏時跟在我們頭上的蚊子，就像空拍機一樣在偷拍。（全班笑成一團）

老師　謝謝宗翰生動的譬喻。宗翰的舉例讓我們明白，譬喻是從兩件事物的相關處來類比，但這兩件事終究不一樣。但移情作用就不同了，移情作用會令人暫時性的忘卻自我，完全投入想像的世界。

美學大師朱光潛在《文藝心理學》裡對於移情作用的說法是：當我們凝神觀照某一

個對象的時候，在不知不覺之中，由「物我兩忘」到「物我同一」的境界。有同學能夠從生活中舉例說明嗎？

明芳　移情作用就像看電影嗎？我在看電影的時候，常常忘記電影是虛構的，而完全投入電影的情節裡，跟著劇中的主角哭或笑。

老師　明芳的例子非常明確易懂。朱光潛在說明移情作用時，就曾以「看戲者」為例，他說看戲的人有兩種類型，「分享者」類型的人，看戲如看實際人生，當他同情某一個人物時，就把自己當成那個角色，陪他歡喜陪他愁；「旁觀者」類型的人，大半是冷靜的，能綜觀全局。

宗翰　老師，那麼打魔獸打得很盡興時，算不算是移情作用？（全班又笑成一團）

老師　宗翰，你的問題很有意思。老師想問仔細一點：你在玩魔獸時，是把自己當成遊戲裡的角色，還是你清楚自己只是一個玩家呢？

宗翰　我不太明白老師的問題。每個玩家都會設定一個角色才能玩遊戲，所以我既是玩家也是遊戲的角色，這樣是移情作用嗎？

老師　我再和宗翰核對一下，宗翰玩遊戲時是著迷於故事的內容與角色的性格，還是在乎遊戲的積分與闖關的結果？

宗翰　我選擇的玩家角色當然是我喜歡的，像我選的職業是「獵人」，因為獵人有假死保命技能，而且獵人腿長，逃脫技能也很強。（全班大笑）

老師　所以宗翰是依自己的性格來選擇角色的職業，而不是忘卻自我的狀態？

宗翰　一開始當然是這樣，可是進入遊戲之後會很投入，甚至廢寢忘食，這樣能不能算是移情作用？

老師　老師很欣賞宗翰釐清觀念的態度，你舉的生活實例許多同學應該也很有興趣。從專注投入這個角度來看，移情作用與盡興於網遊是一樣的，但移情作用的重點在於物與我的「情感交融」，盡興於網遊則是沉迷在遊戲當中，缺少情意的交流。倘若沉迷於網遊到上癮的程度，更不能稱為移情作用，因為上癮已是一種依賴，缺乏審美的意境。老師這麼說明，宗翰有聽明白嗎？

宗翰　有，老師的說明很清楚。我也要向老師報告，我喜歡遊戲裡的關卡設計，也喜歡和網友一起闖關，不過我可沒有上癮喔！（全班又笑到不行）

老師　謝謝宗翰的分享。關於移情作用的概念，我們先討論到這裡。接下來請第六組回答：沈復觀看蚊子的第二個歷程，如何創造出怡然稱快的情境？

毅文　老師，關於第二個歷程，我們有個問題：煙應該是白色的，雲通常也是白色的，但為什麼沈復寫成「青雲」？

老師　這個問題問得很好，表示你們有仔細閱讀文本。我先來回應這個問題。請問各位，說到「青雲」你們會想到什麼？

筱雲　平步青雲！

老師　很好，平步青雲是很常聽到的成語。筱雲，請你說說看，平步青雲是什麼意思？

筱雲　平步青雲形容一個人升學很順利，考上好的學校，或者在職場上一路順利升官。

老師　筱雲舉的例子很生活化。有沒有同學可以說說看，「青雲」是什麼意思呢？

毅文　老師，我們這組剛才問了Google大神。

老師　很好，懂得善用工具。毅文說說看，你們查到什麼資料？

毅文　屈原的《九歌》裡描述日神東君時有提到「青雲」，原文是「青雲衣兮白霓裳，舉長矢兮射天狼。」（學生朗讀，老師板書）意思是說青雲是日神的上衣，白霓是日神的下裳。網路上還提到，日神是從東方上升，西方落下，在五行理論中，東方屬木，代表色是青色；西方屬金，代表色是白色，所以日神的上衣是青色的，下裳是白色的。還有，青雲又叫做東方雲。

老師　謝謝毅文的補充說明。各位同學聽了毅文的講解，還有什麼疑問嗎？

毅文　老師，我還有疑問！那「東方雲」和「平步青雲」有什麼關係？

老師　這個問題問得很好，老師發現毅文對於「青雲」有許多的好奇。但這個問題還需要更多的資訊來解釋，也和這篇文章沒有直接的關聯。對這個問題感到好奇的同學，可以利用課後時間寫成一百字的小報告，可以加平時分數。

中國文字的字形字義，本就因文化的變遷而產生多義性。在國文課堂上，常有學生會鑽研於文字的意涵，忽略了文本的整體詮釋。但學生的好奇並不是問題，教師如何應對，將影響課程進行或師生關係。

若教師一直回應學生的提問，不僅偏移了教學目標，也耽誤了進度；若教師困在學生的提問上，認為不為學生解惑有失教師的職責，便可能剝奪了學生的自學或解決問題的能力；若教師無法回答問題，甚至惱羞成怒，課堂很可能陷入尷尬之中，不僅教師和提問的學生之間產生衝突，也影響了全班學生的權益。

在這種情況下，教師應先肯定學生好奇積極的態度，再平靜地說明問題與文本的相關性，並鼓勵學生繼續鑽研所提出的問題，亦能激發學生自學、提升解決問題的能力。

老師　**現在老師要回到文本來提問，正如第六組同學所提出來的困惑，雲通常是白色的，為什麼沈復要寫成「青雲」。有哪位同學知道青色是什麼顏色？藍色還是綠色？**

小林　我想可以分為兩種情況，如果是形容天空，比較接近藍色，像「青天白日」；如果是形容大地，比較接近綠色，像「青青河邊草」。

老師　**小林思辨很敏銳，馬上就從兩個角度來推論。所以沈復的「青雲」可以怎麼理解？**

小林　應該是藍色的雲。但雲也不是藍色的，所以青雲究竟該怎麼解釋呢？

老師　**有其他同學可以說說看嗎？**

毅文　可不可以解釋為藍天裡的白雲呢？

老師　**毅文的解釋已經出現一幅藍天白雲的畫面了。請大家再想想，如果沈復寫的是「作白雲白鶴觀」，讀起來的感覺如何？**

毅文　這樣就一片白茫茫，分不清雲和鶴了。

老師　**很好，「白雲白鶴」模糊不清，缺乏辨識感。各位再想想「作青雲白鶴觀」，畫面感覺如何？**

小林　就像一幅空靈的彩墨山水畫。

老師　**是啊！經過這一段討論，各位是否可以理解，沈復為什麼要用「青雲」來取代「白**

雲」呢？在古代文獻裡，已有用「青雲」來描繪東方雲彩的描述，所以這裡以「青雲」來取代「白雲」，並非意義上的取代，較可能是用顏色讓畫面鮮活起來。我們討論了第六組提出的疑問，但我還是要回到原本的問題：「沈復觀看蚊子的第二個歷程，如何創造出怡然稱快的情境？」別以為毅文問了「青雲」的問題，就可以不用回答問題。（全班大笑）

毅文　沈復將蚊子抓到蚊帳裡，用煙噴蚊子，讓蚊子在煙霧中飛鳴，營造出白鶴舞於青雲間的畫面，因而過癮得連連拍手叫好。

老師　毅文的回答只是第二個歷程的內容，但我要問的是營造出白鶴舞於青雲之間的畫面，為什麼就能達到「怡然稱快」的情境？這中間還少了什麼？

毅文　少了「果如鶴唳雲端」。

老師　你怎麼理解這一句呢？

毅文　嗯……（仔細思考）。老師，這裡的「果如」和第一個歷程的「果然」，是一樣的解釋嗎？

老師　毅文，你想問的是什麼？可以再多說一點嗎？

毅文　我把這兩個歷程的內容比較了一下，發現前面好像先用譬喻的方式，聯想出一個畫面，然後才真正進入到想像的世界。

老師　**請你舉例說明。**

毅文　前面沈復先將蚊子譬喻成鶴，然後因為「心之所向」，才說「果然鶴也」。第二個歷程是先用煙噴蚊子，把在煙裡飛的蚊子當成飛在青雲中的白鶴，最後才說「果如鶴唳雲端」。我想，這中間是不是也經歷了「心之所向」的過程？

老師　**毅文的發現非常重要！「作青雲白鶴觀，果如鶴唳雲端。」這兩句之間，雖然少了「心之所向」四字，但是根據先前把蚊子視為白鶴的歷程，第二個歷程中的「果如」與第一個歷程中的「果然」，有異曲同工的轉化暗示，也就是從人為的「作……觀」，轉化為儼然見到白鶴在雲端飛舞鳴叫的情境。毅文請你再說說看，沈復怎麼會因此感到「怡然稱快」呢？**

毅文　拍手連連叫好，應該表示非常高興的樣子。我想，那是因為他成功的讓白鶴舞空的畫面，加上了白雲的效果，覺得自己很厲害而沾沾自喜吧！

老師　**毅文的解釋很生動。還有其他同學要補充嗎？**

明芳　第一個歷程是在戶外，需要抬頭看，姿勢可能不太舒服，所以沈復才想到把蚊子抓進蚊帳。從「作青雲白鶴觀」，到「果如鶴唳雲端」，這一段歷程沈復想必都躺在床上，舒適自在，克服了脖子僵硬痠痛的問題，才能享受「怡然稱快」的樂趣。

老師　**明芳的補充，仔細分辨了戶外及室內活動的差別，也說明了內心的感受與身體的感受，有直接的相關性。**

「項為之強」只呈現了被動觀察的著迷，「怡然稱快」則反映出主動營造的情境，更能彰顯情緒的強化程度。

今天的課程，我們就討論到沈復觀察蚊子的歷程。下週上課前，同學可以先閱讀「幼時閑情」其餘的內容，讓討論的節奏可以更流暢，內容也可以更豐富。

學思達的教學歷程，讓學習除了師生的縱向互動，也能使學生之間彼此觀摩討論。教師鼓勵自由發言的態度，激發學生的奇思異想，也活絡課堂的學習氛圍。

兩堂課一百分鐘，「幼時閑情」只進行半篇文本的閱讀與討論，進度看起來很緩慢，但我認為大學的國文課，不宜以進度主導教學或檢核教學成效，而是能讓學生願意思考、樂於互動、提出見解。

教師，不再只是答案的提供者，而是思考與表達的催生者。

學思達課堂上的師生問答，也需要運用薩提爾對話來提升討論的品質。

當學生回答問題時，說出教師預期外的回應，例如宗翰以「魔獸」討論移情作用，若教師沒有好奇學生的想法、探問他的思考脈絡，甚至以為學生故意搗亂，而制止學生繼續發言，會發生什麼情況呢？

我的課堂上常出現像宗翰這樣的學生，活潑、好奇、喜歡說話、炒熱氣氛，我雖然歡迎學生自由表達，卻也不知該如何應對。應對得當時師生一團和氣，應對失常時學生會馬上閉嘴，同時也無心於學習，當下我的內心就會焦慮，其他學生也會受到影響，課堂的學習氛圍變得緊張，學習成效可想而知。

這篇文章裡，當我問學生能從蚊子聯想到什麼？宗翰第一次回應「魔獸」時全班大笑，我只是以「看來大家似乎都懂得宗翰的譬喻」簡單回應，接著問其他學生「除了魔獸，還可能想到什麼事物呢？」既沒有否定宗翰、也沒有鼓勵他繼續說，所以討論的過程仍然流暢。當下我的內在出現了一絲錯愕，很快的因為覺察而平撫，情緒沒有產生負面的波動。

後來討論「移情作用」時，宗翰仍然以「魔獸」為例，這時我反而好奇他怎麼會那麼喜歡以「魔獸」來舉例。因為好奇，所以才會進一步探索宗翰的思考脈絡。

對話時我以「正向好奇」的態度，引導宗翰回溯他玩「魔獸」的情形。當宗翰無法流暢回應時，我則以封閉式的選項引導他進行思考，例如：「你在玩魔獸時，是把自己當成遊戲裡的角色，還是你清楚自己只是一個玩家？」「玩遊戲時是著迷於故事的內容與角色的性格，還是在乎遊戲的積分與闖關的結果？」

表面上看似我針對宗翰的問題與他對話，但因為「魔獸」是多數學生熟悉的遊戲，以此為例貼近學生生活，我們對話的過程也能發揮引導的作用，使聆聽的學生同時思考「移情作用」的概念。

因此，面對學生無厘頭的回應，教師先不要急著否定他的答案，而是以「正向好奇」的態度與學生對話，將學生有興趣的事例融入課程的脈絡，將能更貼近學生的生活經驗，提升學生的學習成效。

09

古文，離孩子並不遠——國文學思達（下）

琇芬

我希望帶領學生連結作者的生命情境，覺察人性不分古今，情感無關文言白話。以學思達的教學模式，引導學生領略中文的美感與哲思。

當學生從文本的閱讀中連結了自己的生命經驗，而流露出若有所思的神情，是最令我動容的畫面。

「幼時閑情」篇幅不長，卻用兩週（共四堂課）的時間討論，看似進度緩慢，但做為大學國文課程的定錨，可以改變學生對於國文課的觀感，「慢一點」反而能夠建立明確的新模式，未來才可能在閱讀數千字的小說文本時，「快一點」掌握文本主題，有效率的進入學習狀態。

統整總結，發展上位概念

在前兩堂課，學生已經體驗過學思達的教學模式，所以一開始上課，教師先帶領學生回顧文本及提問，亦可等待遲到的學生，並穩定學生的學習態度。

大約五分鐘的講述後，便可以請學生閱讀以下內容，進入自學、思考及小組討論階段。

于土牆凹凸處、花台小草叢雜處，常蹲其身，使與台齊；定神細視，以叢草為林，以蟲蟻為獸，以土礫凸者為丘，凹者為壑，神遊其中，怡然自得。

注釋

● 怡然自得：安閒愉快且自得其樂的樣子。

閱讀思考題

1 為更了解幼時沈復如何領略「物外之趣」，請思考：「定神細視」、「神遊其中」及「怡然自得」這三者有何關聯？（**單元問題／發展解釋**）

2 「項為之強」、「怡然稱快」及「怡然自得」，這三個階段分別有什麼獨特之處？（**單元問題／統整解釋**）

（小組討論：五分鐘）

為避免學生閱讀文言文時，落入「直譯」的情形，以提問方式引導學生理解關鍵字詞，協助學生在思考過程中，確實理解文意。

老師　在這一段敘述中，幼時沈復常蹲身於土牆或花台前，視線與台面齊高，觀察其中的景象。文中所提到的「定神細視」是什麼意思？請第七組的代表回答你們討論的結果。

春華　定神細視可以分為兩個部分解釋。定神，意思是非常專注的樣子；細視，應該是指沈復以明察秋毫的視力，仔細觀看土牆或花台裡叢草、蟲蟻及土礫的紋理。

老師　第七組的回答基本上已經很完整了。沈復「定神細視」後，他眼中的土牆、花台發生什麼變化？請第八組說明你們的理解。

筱雲　沈復在定神細視後，將叢草想像成樹林，將蟲蟻想像成林中的野獸，將土礫凸起的地方想像成山丘，將土礫凹陷的地方想像成山谷。

老師　各位聽到筱雲的說明後，腦中是否也浮現一座微型山林的模樣？筱雲，請你再說說沈復經過「定神細視」後，如何「神遊其中」？

筱雲　嗯……他將土牆花台想像成一座山林，然後自己彷彿變小了，才能身歷其境的在裡面遊逛。

以上是由老師透過關鍵詞的提問，帶領學生逐步進入文字的世界，在腦中畫出立體的畫面，這個階段可以協助學生廣泛理解文意。接下來再引導學生思考三個關鍵詞之間的關聯性，進入「發展解釋」的歷程。

老師　春華和筱雲的解釋，已經為我們構思出沈復神遊山林的圖像。最後，請第九組說明

「定神細視」、「神遊其中」與「怡然自得」有什麼關聯？

明芳　因為先集中精神專注的觀察，才能看到土牆花台裡的各種細節，然後再發揮想像力，讓自己神遊在這片想像的山林裡。最後因為好像真的走入了山林，渾然忘我，才會感到安閒愉快而自得其樂。

學生廣泛理解文意後，雖能初步進行合理的推論或解釋，但對文本尚未能夠充分掌握。因此教師必須統整課程中的討論，為這個階段的學習，提出完整的論述。

此時的論述與傳統講述不同。在傳統講述中，學生是被動學習，在學思達的教學模式中「教師統整」時，學生已經歷充分的討論，因此會好奇且專注的聆聽教師講解。

若教師的統整與自己的認知相同，學生會產生學習成就感；若教師的說明與自己的認知有些落差，學生可以補足忽略之處；若學生的思考尚處於混亂的情況，教師的統整則能為學生帶來明確的指引。

老師　我為各位總結一下這段的意涵。文章開頭沈復便說他小時候時常「見藐小微物，必細察其紋理」。在這段描述中他還提到：透過「定神細視」的狀態，先集中注意力

並使心思安定，再仔細觀察其中各類物種的細節。正因為能高度的專注心神，才能到達「神遊其中」的情境。

「神遊」是形體不動，而以心神遊歷。幼時沈復雖然還是孩童，但身形比起花台裡的叢草、蟲蟻和土礫大上數百倍。他蹲身台前，以心神遊歷其中，便如親自走入樹林中，見蟲蟻如獸，視土礫為丘壑。在這一片繁密的樹林中遊走，沿途好奇各種林獸的動態，於丘壑中順著起伏之勢前行，沈復以「怡然自得」描述當時的情狀，頗有安適愉悦的樣貌。

根據文本描述，要能領略「物外之趣」除了具備極佳眼力以細察事物的紋理，還得透過高度的專注力以達神遊之境，最後才能置身於想像的世界裡，怡然自得。因此「定神細視」、「神遊其中」及「怡然自得」，不但是領略「物外之趣」的三個重要環節，也是具有先後順序的想像歷程。以上是第一題的總結，接下來我們要一起來思考第二題的內容。

從「夏蚊成雷」至「怡然自得」，是沈復為了說明「物外之趣」所描述的生活事例。這段歷程先是仰頭觀看群鶴舞空而「項為之強」，接著欣賞鶴唳雲端而「怡然稱快」，最後神遊林間而「怡然自得」。

當學生已能做出合理的推論或解釋，教師必須進一步帶領學生進入「統整解釋」的歷程，發展出文本的上位概念。

老師　接下來，哪一組可以回答第二題：「為什麼文章先鋪陳『項為之強』、『怡然稱快』然後才達到『怡然自得』的境界，這三個階段分別有什麼獨特之處？」

筱雲　項為之強是脖子僵硬，屬於生理上的反應；怡然稱快是開心得連連拍手，屬於情緒上的反應；怡然自得是安閒愉快自得其樂的狀態，屬於內心的反應。這三個階段表示沈復領略物外之趣的歷程有三個層次：先是因為著迷而導致生理上的痠疼，然後因為主動投入而覺得開心，最後因為專注安定而達到渾然忘我的境界。

老師　筱雲，你們這組的歸納不但條理清晰，也說明了物外之趣的三種層次。其他組別有不同的想法嗎？

小林　我們這組認為「項為之強」是因為投入於想像的趣味中，脖子因仰頭過久而僵硬。不舒服的姿勢無法持久，所以物外之趣也就只限於將蚊子想像為白鶴。「怡然稱快」是情緒上的過瘾，在蚊帳既私密又舒適的空間裡，精心營造沖煙飛鳴的畫面，物外之趣也就提升到鶴唳雲端的情境。群蚊飛翔雖然透過想像而轉化為鶴唳雲端的情境，但終究只有單一物種，且還有時機的限制，並不是隨時皆能看到成群飛翔的蚊子。至於土牆、花台則是隨時可以觀賞、遊玩的地方，而且物種較多元，更容易讓想像拓展和連結。於是神遊土牆、花台時，沈復才能達到怡然自得、渾然忘我的境界。

老師　哇！小林，你們這組太棒了！你們不只考慮了時間、時機以及環境的因素，還從多元性來分析這三個階段的因果邏輯，非常詳細。

筱雲和小林這兩組都能看到「項為之強」是身體的感受，「怡然稱快」是情緒的興發，「怡然自得」則是心神的融入。

從身體到情緒，再從情緒到心神的融入，同學們已經可以理解文本敘述背後的概念，也就是上位概念。不只掌握沈復物外之趣的發展歷程，也從寫作的結構，理解敘述的層遞。

沈復的「幼時閑情」從想像出發，雖然從文學技巧來看，使用了誇飾的手法來描繪情境。但我認為誇飾不只是創作技巧，更是一種觀看世界及生活態度的映照。

在學生的回答中提問，深化學習

老師　關於「物外之趣」的討論到這裡告一段落。接下來請同學閱讀以下文本，並思考文本兩個問題：

　　一日，見二蟲鬥草間，觀之正濃，忽有龐然大物拔山倒樹而來，蓋一癩蝦蟆也。舌一吐而二蟲盡為所吞。余年幼，方出神，不覺呀然驚恐。神定，捉蝦蟆，鞭數十，驅之別院。

閱讀思考題

1 沈復為何以「龐然大物」來形容癩蝦蟆？（**單元問題／發展解釋**）

2 沈復可以將蚊子想像為白鶴，可以在土牆花台的想像山林中怡然自得。為什麼卻將癩蝦蟆鞭數十，驅之別院？（**單元問題／發展解釋**）

（小組討論：五分鐘）

老師　**大家對於國中時閱讀的〈兒時記趣〉印象最深刻的，應該是這一段吧！各位琅琅上口的句子莫過於「忽有龐然大物拔山倒樹而來」。這篇文章固然描述沈復兒時趣事，但癩蝦蟆應該不至於以「龐然大物」來形容。有哪一組同學願意先說說看？**

昌平　因為沈復聚精會神的觀察草叢裡兩隻打架的小蟲，看得興味正濃，癩蝦蟆突然竄出，打破了當時的寧靜，也把專注的沈復嚇了一大跳。所以用「龐然大物」來形容。

老師　**昌平這一組是從沈復在怡然自得的狀態中被嚇一跳，說明癩蝦蟆突然闖入，破壞了當時的寧靜。還有其他組要補充嗎？**

明芳　我們覺得「龐然大物」是為了凸顯沈復在想像情境中的「小」。神遊在想像中的沈復，已經忘了自己原本的樣貌，彷彿變得像小蟲一樣，走入花台的山林裡。所以癩蝦蟆對於神遊其中的沈復來說，就像是龐然大物一般。

老師　**明芳這一組從微觀的角度，說明神遊的沈復走入想像的山林世界裡，身形和小蟲差不多，所以對比之下癩蝦蟆就像龐然大物。還有其他小組要補充嗎？**

春華　我們認為相較於小蟲，癩蝦蟆本來就像龐然大物。因為牠一吐舌，就把兩隻小蟲吞掉了。

老師　**春華這一組從小蟲和癩蝦蟆的體形來比較，這個角度非常值得參考。因為這個參考**

基準，可以讓我們理解沈復神遊於花台中時，視角可能和小蟲一般，才會覺得癩蝦蟆像龐然大物。

接下來，有哪一組可以分享第二題的討論結果：「沈復可以將蚊子想像為白鶴，可以在土牆花台的想像山林中怡然自得。為什麼卻將癩蝦蟆鞭數十，驅之別院？」

宗翰　因為癩蝦蟆長得實在太醜了。（全班大笑）

老師　宗翰的回答很有趣。不過我想問宗翰，你是從什麼角度認為癩蝦蟆長得很醜？

宗翰　牠本來就很醜啊！

老師　是你認為癩蝦蟆很醜嗎？

宗翰　應該不只我這麼認為吧！（笑著轉頭看班上同學）

老師　宗翰的觀點頗值得討論。老師想請問同學，有人知道「沉魚落雁」的典故嗎？

班上沒有人回答，我安靜的等了一會兒，大部分同學都低下頭來，不敢和我四目相看，怕被叫起來回答。這時，老師可以覺察自己的內心，是否會焦慮、尷尬，並與這些情緒同在。不宜急著回答，否則反而會阻礙學生自學、思考與解決問題的機會。

毅文　老師，我知道。哈哈！其實我是問 Google 大神才知道的。

老師　好啊！毅文，說說看，你查到了什麼？

毅文　「沉魚落雁」的典故出自《莊子・齊物論》，意思是說人類所讚譽的美女，在動物的眼裡並不是那麼一回事。所以水裡的魚見了就往下沉，天上飛的鳥見了就飛得更高，陸上的麋鹿見了立刻跑得老遠。

老師　謝謝毅文簡要的說明。宗翰，你聽了「沉魚落雁」的典故，有什麼想法？

宗翰　哈哈！老師我明白你的意思了。我雖然認為癩蝦蟆很醜，但不表示動物也是這麼認為。我只是從自己的角度來看，忽略了其他角度的可能。

老師　宗翰的理解很快，馬上抓住重點。那麼你願意根據第二題說說你的看法嗎？

宗翰　老師，我剛才是開玩笑的。我們這組其實有一些討論。沈復會把癩蝦蟆抓起來鞭數十，是因為癩蝦蟆嚇到他，他一生氣就打癩蝦蟆出氣。

老師　沈復的確是被癩蝦蟆嚇到了，不過他是如何被嚇到的？

宗翰　因為他太過專注於看兩隻小蟲打架，所以才會被嚇一跳。

老師　這一段中，哪裡提到他很專注？

宗翰　嗯……「觀之正濃」，還有……「方出神」。

老師　**你們有沒有討論「方出神」是什麼意思？**

宗翰　就是太過於專注的看兩隻小蟲打架，以至於神魂出竅。

老師　**神魂出竅啊！宗翰的說法很有趣。有其他同學可以補充說明「方出神」的意思嗎？**

昌平　正看得入神的意思。

老師　**昌平，老師注意到你用「入神」來形容。可有注意到「出神」和「入神」的差別？**

昌平　咦！我沒有想過「出」和「入」的差別。

老師　**昌平，你說說看，如果以眼睛為靈魂之窗，由窗戶往外看，和由窗戶向內看，有什麼差別？**

昌平　往外看，就是看外在環境的事物，往內看，應該是往內心探索吧！

老師　**根據你的推理，能不能再說說看「出神」和「入神」有什麼不同？**

昌平　哦！我了解了。因為沈復正專注的觀看二蟲相鬥，所以文本用「方出神」來形容。

老師　**出神是指專注於正在觀看的事物，全然投入、陶醉其中的樣子，屬於被動反應的狀態；入神意指對某件事物具有高度的興趣，因而陷入鑽研沉思的狀態，屬於主動思考的狀態。所以專注觀看外在情境會以「看得出神」來形容，沉浸於內在思考則以「想得入神」來表示。**

當學生在用詞上不精確，或者觀念模糊時，循序漸近的提問，引導學生自己思索解答，學習才能深化。若直接告知答案，可能過不了多久就會淡忘。

老師　我們再回到文意。宗翰，能不能整合剛才的討論，說明你對於第二題的理解？

宗翰　嗯……因為蚊子和土牆花台裡的東西，都是經過沈復仔細觀看，然後再加以想像的。也就是這些對象都是在沈復可以預期的狀況裡，所以他可以專注的投入其中。但是癩蝦蟆卻是在他看得出神的情況下突然闖入，而且他怡然自得的時候，視野和小蟲一樣小，癩蝦蟆也就成了龐然大物，把沈復嚇了一大跳，於是他回過神後，就把癩蝦蟆抓起來，痛扁一頓！（全班又是一陣大笑）

老師　宗翰的回答相當自然流暢，也能緊扣題目的方向。這個問題我們先討論到這裡。

以探索方式引導思考

老師　各位國中時所讀的〈兒時記趣〉只節錄到「捉蝦蟆，鞭數十，驅之別院」。但〈閑情記趣〉中的「幼時閑情」還有一段，被國立編譯館的委員刪除了，我們一起來看

看最後一段的內容。

年長思之，二蟲之鬥，蓋圖姦不從也，古語云：「姦近殺。」蟲亦然耶？貪此生涯，卵為蚯蚓所哈，腫不能便。捉鴨開口哈之，婢嫗偶釋手，鴨顛其頸作吞噬狀，驚而大哭；傳為話柄。此皆幼時閑情也。

注釋

1 圖姦：求偶。

2 姦近殺：貪於色慾會導致災禍。

3 貪此生涯：耽於觀看藐小事物的這一段童年時光。

4 卵為蚯蚓所哈：吳地（今江蘇長江以南，錢塘江以北）俗語。卵，男性生殖器的俗稱。哈，張口舒氣之意。

5 捉鴨開口哈之：《本草綱目》中記載，鴨涎可治「蚯蚓吹小兒陰腫」。

閱讀思考題

1「卵為蚯蚓所哈」這一事件既痛苦又被傳為笑柄，為何被視為「幼時閑情」？（**單元問題／發展解釋**）

2「年長思之」之後的內容，對於「幼時閑情」的意涵有何影響？（**單元問題／統整解釋**）

（小組討論：十分鐘）

如果不是本系教師合編大一國文教材時，收錄沈復〈閑情記趣〉裡的「幼時閑情」，我可能不會發現國中課本的〈兒時記趣〉竟然是刪節版。因此備課時，我對於「年長思之」以後的內容特別好奇，身為讀者也在「年長」後重新對這篇文本深入「思之」，形成作者與讀者皆從後設角度來創作與理解的有趣映照。

國中教材〈兒時記趣〉的教學目標，大抵著重於引導學生體會日常生活中的閒情逸趣，學習運用觀察及想像力進行寫作。但大學讀「幼時閑情」更須思考，「年長思之」之後的內容，與文本前半部有什麼關聯？

老師　**我們先來討論第一題。沈復幼年「卵為蚯蚓所哈」的事件，明明是一件痛苦的事情，而且還被家人當成茶餘飯後的笑話，他怎麼還能把這件事視為「幼時閒情」？**

宗翰　這件事真的很好笑啊！所以可以視為「閒情」。（全班大笑）

學生通常被動等待老師指定或邀請時才會發言，若小組討論與師生問答的氛圍經營良好，班上必然會出現自然的師生問答情景。

像宗翰這類喜歡說話、樂於為班級炒熱氣氛的學生，往往在小組討論後願意在大班交流時率先發言，但發言內容不見得有條理。教師不妨順著他們的回答，好奇他們的想法，或者直接請全班同學共同思考。

老師　**從你和班上同學的反應來看，這件事似乎很好笑，難怪沈復的家人也把這件事當笑話。但老師要問的是：沈復自己也覺得好笑嗎？各位想想，幼時的他發生這件事的時候，是什麼心情？**

明芳　應該嚇死了！

老師　明芳，「嚇死了」有些籠統，可以說詳細一點嗎？

明芳　當他被蚯蚓咍到腫起來時，應該先是覺得很痛、很難受。尿不出來的時候，可能會很緊張、很害怕，也很不舒服。可是當大人要幫他治療時，竟然是直接抓了一隻鴨子靠近他的生殖器，那時的沈復應該搞不清楚發生什麼事了，一定覺得很可怕，不知所措。後來當鴨子掙脫僕人的手，差一點要咬到他的生殖器時，我想他應該嚇死了，所以大哭了起來。

老師　謝謝明芳這麼詳細的說明。我想再問宗翰，如果你是小時候的沈復，當時的你會覺得很好笑嗎？

宗翰　當然不會，我一定也嚇死了！

老師　所以，如果這件事發生在你身上，你會把它當成「幼時閒情」嗎？

宗翰　當時一定不覺得是閒情，可是長大後，可能也會和朋友聊到童年往事時，把這件糗事講出來給大家笑一笑。

老師　哦！你怎麼會願意說出來呢？

宗翰　因為做錯的又不是我，我只是受害者，被取笑的應該是那些愚蠢的大人吧！

老師　**你只是受害者，愚蠢的是大人，怎麼說呢？**

宗翰　小孩子不懂事，喜歡在戶外玩耍，被蟲咬是常事，只是沈復被咬的位置很特別（全班大笑）。可是大人沒有先安慰孩子，而是很粗魯的把鴨子抓來，要去含住沈復的生殖器（全班笑得更厲害，宗翰也講得愈自在），無論是誰都會覺得不可思議吧！如果鴨子的口水真的可以治療腫脹，那可以用棉花棒沾鴨子的口水去擦就好啊！把孩子嚇壞，然後又把這件事當成笑話，所以大人不但愚蠢還很可惡！（全班鼓掌，宗翰也覺得自己的表達很精采，笑得很開心）

老師　**宗翰的分享很吸引大家的注意，同學們似乎也很認同你的看法。老師覺得宗翰的分享有三個重點，各位可以聽聽看，也請宗翰核對一下，我所說的是不是你想要表達的意思。**

第一，你認為孩子在戶外玩耍，難免會遇到被蟲叮咬的事，這很自然。

第二，大人為孩子治療時要先安撫情緒，並且降低治療過程的傷害。

第三，我們不該將受害者的傷痛視為笑話，這是不尊重他人的行為。

宗翰，老師的說法，符合你要表達的意思嗎？

宗翰　老師說的比我要講的好太多了！（全班又笑）

老師　謝謝宗翰這麼投入討論，你的分享讓班上同學也樂於參與。有沒有同學看法與宗翰不一樣，願意補充説明？

小林　老師，會不會是沈復長大後，對於這件事感到釋懷了，所以才當成幼時閒情？

老師　小林的看法值得討論，請你再多説一點。

小林　一個人如果對一件事情耿耿於懷，不會輕易說出來，要是知情的人說出來，他會很生氣，甚至可能翻臉。但若是當事人已經不再對這件事感到生氣或難過，而是能夠從中獲得學習或領悟，才會願意分享。

老師　小林，你怎麼會這麼理解呢？過去你看過什麼人有類似的事情，或者你自己有類似的經驗嗎？

小林　嗯……國小的時候，我姊姊在學芭蕾舞，有一次她把表演要穿的舞衣帶回家，因為白色的蓬裙很漂亮，所以趁姊姊不注意，偷偷穿上裙子，沒想到卻被爸爸看到。爸爸很生氣，把我罵了一頓，媽媽也為這件事擔心我的性向。我只是好奇、好玩，但爸媽的反應太大了，我覺得很難過。

老師　謝謝小林願意分享這件事。這件事對你有什麼影響嗎？

小林　嗯……這件事我一直放在心裡。直到我看了《舞動人生》這部電影，才恍然明白爸媽為什麼擔心。

老師 **我也看過《舞動人生》，男主角穿上蓬裙的情節觸動了你，是嗎？**

小林 是啊！可是我和主角不一樣，我只是單純覺得裙子漂亮，一時好奇才這麼做，但爸媽的反應卻出乎我的意料。

老師 **你願意在同學面對說出這段往事，是否像你所說對這件事感到釋懷了呢？**

小林 其實我和朋友一起看完《舞動人生》時，就曾向他談起這件事。我的朋友聽了我的事，便和我分享他在網路上看到的一支影片。影片中是一個挪威的爸爸和四歲兒子穿著艾莎的衣服，隨著《冰雪奇緣》的主題曲一起跳舞。我看了之後很感動，覺得這個小孩很幸福。我雖然不像那個孩子一樣想要成為公主，只是一時好奇穿了姊姊的裙子，就受到爸媽過度的擔心，所以對於需要壓抑自己性向，不敢向家人坦承的同志，特別感到同情。

老師 **小林很真誠的分享自己的經驗和省思，有哪位同學願意回應小林嗎？**

明芳 我有點好奇，你姊姊對於你穿蓬裙的事有什麼反應？

小林 那又是一段讓我很難過的事了。

文學本來就反映了作家生命的沉澱與省思，因此從閱讀中引發共鳴或者喚起過往的生活經驗，正是文學的感染力。國文教學亦是透過文本的共同閱讀，與作者交流，更與同學交流。對話，於焉展開。

讀者與文本的交流，屬於私密的領域；課堂討論的交流，便涉及個人隱私的維護。教師如何在同學好奇彼此的私領域時適當的引導，成了能否深化閱讀理解的關鍵。

明芳對小林的好奇，已經離開了對小林內在感受與想法的關懷，而是想要知道姊姊的反應，好奇事情的後續。所以此時教師應該介入，尊重學生的意願。學生若願意自我敞開，教師可從旁保護與引導。

老師　小林，你願意回應明芳的好奇嗎？不回應也沒關係。

小林　沒關係的，我可以說。我和姊姊本來就常吵架，現在想來就是年紀小不懂事愛計較而已。但她因為很珍惜那件舞衣，小心翼翼的掛在衣櫥裡，卻被我拿出來穿，所以她一氣之下，就跟她的同學們講這件事，害我在學校被嘲笑了好一段時間。

明芳　後來還有發生什麼事嗎？

老師　明芳，小林分享的事，我們先聽到這裡。老師覺得小林已經回應了他的想法與感

受，這樣就可以了。小林，你還有什麼話想要說嗎？

小林　我是因為聽到了宗翰的回應，引發了國小的這段回憶。當年被姊姊的同學嘲笑，曾讓我有好長一段時間不敢到學校上課。不過，現在我和姊姊的感情很好，姊姊很關心同志議題，《舞動人生》就是她介紹我看的。只是因為當年那段被嘲笑的經歷，讓我對沈復的遭遇特別有些感觸。我覺得那些大人對沈復的嘲笑，也是一種霸凌。

老師　小林，你怎麼會認為大人對沈復的嘲笑是一種霸凌？

小林　沈復還那麼小，生殖器腫脹不能小便已經很痛苦了，但大人的治療方式以及事後的嘲笑，對他應該是更大的傷害。因為他一直沒有得到大人的安撫與道歉，這件事才會到他成年後還記得。不過，他願意把這件事寫出來，應該已經感到釋懷了。他告訴讀者這是一樁「幼時閑情」，表示他也能幽默的看待這件事，就像我小時候偷穿姊姊蓬裙這件事，已經成了我們茶餘飯後彼此調侃的笑話。

老師　小林的理解與感受非常深刻，我和小林一樣，也覺得沈復能夠透過書寫表達這件事，應該是已經感到釋懷了。

文學作品反映作者對生活的體驗與反思，因此閱讀文學不宜只停留在文意的理解，而應扣連讀者的同理或共鳴。小林願意分享自己的生命經驗，並非直接在文本閱讀之後立即聯想，而是在同學們的討論與交流間，逐漸萌生並願意分享。

大學重讀國中教材，除了回顧過往的學習經驗，我希望帶領學生連結作者的生命情境，覺察人性不分古今，情感無關文言白話。當學生從文本的閱讀中連結了自己的生命經驗，無論是述說者或聆聽者都會散發出若有所思的神情，這是課程中最令我動容的畫面。

協助連結感受，深刻詮釋

國立編譯館從〈閑情記趣〉裡選編教材時，只將「幼時閑情」節錄至「鞭數十，驅之別院」，其後沈復述及生殖器「腫不能便」一事便刪除了。因此大學國文閱讀完整版，除了引導學生好奇這段內容被刪除的可能原因，更期待學生思考作者撰寫這段內容的可能想法，並詮釋這段內容與前文的關聯性。

老師：我們接著來討論第二題：「『年長思之』之後的內容，對於『幼時閑情』的意涵有何影響？」換句話說：幼時閑情有四分之三的篇幅都在描寫與「想像力」有關的

大明　「物外之趣」，為什麼最後卻以「年長思之」之後的「現實經驗」作為結尾呢？

老師　我們這組很好奇，國中課本怎麼沒有收錄「年長思之」之後的內容？

大明　你們有什麼想法嗎？

老師　我們覺得國立編譯館的編審委員，應該是覺得國中生不該讀這一段。

大明　怎麼說呢？

老師　國中生正值青春期，對於生殖器很敏感，也可能會想歪。（全班大笑）

大明　你們覺得國中時如果讀這一段，會發生什麼事嗎？

老師　可能課堂上會覺得尷尬，或者有人會在下課後拿這件事開玩笑吧！

大明　那麼，你們覺得編審委員的判斷是正確的嗎？

老師　這很難說，得看老師怎麼說明這一段。如果老師只是照本宣科，同學鐵定把這一段當笑話。嗯……如果我們只是把這一段當笑話，沈復應該會覺得很難過吧！

大明　大明怎麼突然轉到沈復的感受上呢？

老師　就和小林剛才說的一樣，沈復應該是對這件事感到釋懷了，才會寫出來。我想他寫出來的目的，也是希望有人能夠同理他的感受，並且看到那些大人的愚蠢，不要重蹈覆轍吧！

老師　這是大明的推想。大明雖然試著從沈復的立場來想像，但老師更好奇的是，大明，這會不會是你的自我投射？也就是說，如果大明向他人真誠的傾訴一件事，他人卻把這件事當成笑話，你會感到難過嗎？

大明　這是當然的。

老師　謝謝大明的回饋。老師也想要回饋同學們的討論。作者為什麼要將自己的生活感觸寫下來，除非在文章裡清楚的表達，否則讀者所提出的詮釋，大部分都是自己的投射。這也是「讀者反應理論」所強調的：閱讀並非為了還原作者的想法，事實上許多作者都已經去世，無從求證，因此讀者閱讀文本後的闡釋，與讀者的生命經歷有關。我們所閱讀的文學作品是用文字書寫，文字的表達其實相當有限，但好的作品往往能誘發出讀者的共鳴。作品經過讀者的想像力重新理解和體驗，創造出比作品本身更豐富的意涵。

在剛才的討論中，各位除了從字意、句意或段落大意去理解，還能連結自己的生命經驗並提出反思，這才是閱讀文學作品最重要的意義。

最後，我們再回到第二題的討論：「『年長思之』之後的內容，對於『幼時閑情』

的意涵有何影響？」還有哪一組要補充說明？

筱雲　老師剛才提到，「幼時閑情」有四分之三的篇幅都在描述對蚊子的想像、在土牆花台的神遊，最後卻以「年長思之」之後的現實經驗結尾，我自己有一些看法。

老師　很好，老師想聽聽你的看法。

筱雲　我高中的國文老師說，文章的最後一段往往寄寓了作者寫作的感觸，也要我們在寫作文時，最後一段要帶出深刻的道理。我想，整篇「幼時閑情」最重要的，或許是「年長思之」之後的內容。

老師　筱雲認為，「年長思之」之後的內容，到底要表達什麼？

筱雲　「年長思之」之後的內容，描述的是現實世界裡沈復所經歷的遭遇；「年長思之」之前的內容，重點在於天馬行空的美好童年。表面上看來，沈復想要表達他的童年過得很愉快，陶醉在想像的美好世界裡。直到癩蝦蟆出現，破壞了他的物外之趣。緊接著，故事的內容再也沒有美好的事物，首先發現兩隻打架的小蟲，原來是圖姦不從，然後他又以傳統思維裡的「姦近殺」為這件事下了負面評價。最後講到「卵為蚯蚓所哈」，一連串的驚嚇與害怕，讓童年回憶結束在被當做笑柄的畫面裡。

我覺得沈復彷彿要告訴我們，美好的事物難以長久，終究會以幻滅收場。

老師　**筱雲的分析很有條理，論述也很明白。老師想要繼續問筱雲，一篇動人的、有意義的文章，往往能令讀者深思。如果這篇文章傳遞的意涵是「美好事物終究幻滅收場」，那麼你們可以進一步詮釋這個意涵的深刻性嗎？**

筱雲　我的想法和小林有點像。我也認為這篇文章具有勸誡的效果，希望人與人之間應該要能同理他人的感受，不要把別人的事當成笑話，這樣很傷人。最後一段描述雖然還滿悲慘的，但有點像是受害者現身說法，希望能作為他人的警惕。

昌平　老師，我想回應筱雲。

老師　**好啊！昌平你說說看。**

昌平　如果沈復的目的是希望把自己痛苦的經歷寫出來，讓大人不要重蹈覆轍，那麼前面所寫的物外之趣，其實有對比的效果。如果說兒童所看到的是美好的、有趣的、純真的世界，那麼大人的世界則顯得荒謬和強勢。

老師　**昌平的詮釋頗有特色。我們根據昌平的回應，再仔細推敲一下文章的結構。當幼年沈復在鶴唳雲端的想像中怡然稱快，以及神遊於土牆花台怡然自得時，各位可以用哪一句形容詞，詮釋他那個階段的生活狀態？**

筱雲　悠閒美好。

明芳　純真無邪。

宗翰　自由自在。（全班又大笑）

老師　很好！無論是悠閒美好、純真無邪，或者自由自在，都是形容孩童時期天真爛漫的狀態。那麼，這個狀態從什麼時候開始發生變化？

宗翰　卵為蚯蚓所哈。（全班又笑）

老師　更早之前。

昌平　應該是在癩蝦蟆出現，吞掉兩隻小蟲開始。

老師　很好！昌平，請再多說一點。

昌平　癩蝦蟆可能象徵破壞美好事物的開端。沈復本來陶醉的看兩隻小蟲打鬥，純粹好玩。但當他親眼看到兩隻小蟲被癩蝦蟆吞掉，這就不再只是有趣的打鬥，而是弱肉強食的現實面。

說到這裡，我突然想到，為什麼要以龐然大物來形容癩蝦蟆了，因為大人對孩童而言，也是龐然大物。沈復雖然被癩蝦蟆嚇一跳，但回神後，因為實際體形比癩蝦蟆還大，所以可以把牠抓起來，鞭數十，驅之別院。可是面對大人，小時候的沈復只能被動的任憑處置，沒有抵抗的能力。所以癩蝦蟆的出現，已經預告了故事的悲傷結尾。

老師 **昌平的詮釋非常動人，能從文章的脈絡中看出線索，也能得出「龐然大物」的兩種意涵，很不容易。**

這篇文章的內容，討論到這裡已經相當細膩周全了。老師想問最後一個問題：「幼時閑情」只是〈閑情記趣〉的開端，但既是以「記趣」為題，哪個部分是寫「當下之趣」，哪個部分是寫「回想之趣」？

明芳 當下之趣，是沈復將蚊子想像成白鶴，並且神遊於土牆花台之中的過程；回想之趣，應該就是指「卵為蚯蚓所哈」這一段了。

老師 **我的想法和明芳一樣，不過我想請明芳進一步說明，是怎麼區別這兩者呢？**

明芳 我的思考點在於「回想」。回想，應該是長大後重新賦予意義。當下如果是快樂有趣的，只需要直接描述。但有些事，當下不見得快樂，長大後若能換個角度來看待，就能有不一樣的想法。

老師 **從明芳的回應來看，同學們似乎對於「幼時閑情」有了深刻的理解。還有同學想補充嗎？**

春華　我認為回想之趣裡，多了一些批判。雖然文章裡沒有直接寫明，但我們在閱讀的過程中，很清楚的看到那些大人荒謬的行為。

老師　春華的觀察很敏銳。好的文章，不宜直述道理，含蓄蘊藉更有一番動人之處。透過故事將所要說的事理藏在其中，讓讀者先喜歡文章，領悟才可能深入內心。

大明　老師是怎麼讀出這篇文章的意涵呢？我國中時讀這一篇，根本不知道這篇文章為什麼值得閱讀？

老師　我也不是一開始就明白，而是在備課時，仔細把沈復的《浮生六記》再三品味，也看了一些評析的文章，綜合整理後，才能設計這些問題，引導大家思考。

大明　我比較好奇，沈復真的覺得自己是受害者嗎？

老師　謝謝大明的提問，正好可以為接下來的閱讀與思考提供一個前提說明。

延伸閱讀，建立高層次思考

老師　其實光是從「幼時閑情」這篇文章，我們很難看出沈復的回想究竟想傳遞什麼訊息。直到我完整的讀完〈閑情記趣〉，發現裡面描述了幾個無奈的生命情境，彷彿

透露出一種模式，我請各位也一起來體會。

請同學閱讀以下三段內容，思考並討論所列問題：

及長，愛花成癖……。花以蘭為最，取其幽香韻致也。……蘭坡臨終時，贈予荷瓣素心春蘭一盆，……余珍如拱壁。值余幕遊於外，芸能親為灌溉，花葉頗茂。不二年，一旦忽萎死。起根視之，皆白如玉，且蘭芽勃然。初不可解，以為無福消受，浩歎而已。事後始悉有人欲分，不允，故用滾湯灌殺也。從此誓不植蘭。

余掃墓山中，撿有巒紋可觀之石……用宜興窰長方盆疊起一峯……虛一角，用河泥種千瓣白萍。石上植蔦蘿……花開正紅色。白萍亦透水大放。紅白相間，神遊其中，如登蓬島。置之檐下，與芸品題：此處宜設水閣，此處直立茅亭，此處宜鑿六字曰「落花流水之間」，此可以居，此可以釣，此可以眺；胸中丘壑，若將移居者然。一夕，貓奴爭食，自檐而墮，連盆與架，頃刻碎之。余歎曰：「即此小經營，尚干造物忌耶！」兩人不禁淚落。

友人魯半舫名璋，字春山，善寫松柏及梅菊……余寄居其家之「蕭爽樓」一年有半……移居時，有一僕一嫗，並挈其小女來。……余素愛客……芸善不費之烹庖，瓜蔬魚蝦，一經芸手，便有意外味。同人知余貧，每出杖頭錢，作竟日敘。余又好潔，地無纖塵，且無拘束，不嫌放縱。……諸君子，如梁上之燕，自去自來。芸則拔釵沽酒，不動聲色，良辰美景，不放輕越。今則天各一方，風流雲散，兼之玉碎香埋，不堪回首矣！

注釋

1 蘭坡：沈復友人。

2 幕遊：離鄉輔佐官衙做事。

3 巒紋：山形紋理。

4 造物：上天。

5 挈：帶。

6 不費：便宜不貴。

7 杖頭錢：南朝宋．劉義慶《世說新語．任誕》中描述，晉朝阮修常將銅錢掛在手杖頂端，手扶枴杖，步行至酒店，即以銅錢買酒暢飲。故後世以杖頭錢代指沽酒的錢。

8 拔釵沽酒：以首飾換酒，此處形容芸娘善體人意。

9 風流雲散：朋友四散他方。

10 玉碎香埋：以玉、香喻女子，此處謂芸娘已身故。

閱讀思考題

1 上列三段文本，內容所述相似處為何？（**單元問題／發展解釋**）

2 上列三段文本與「幼時閑情」有何意涵上的相似之處？（**單元問題／統整解釋**）

（小組討論時間：十分鐘）

老師　這三段內容都是從〈閑情記趣〉中節錄出來。第一段敘述沈復養蘭花的經歷，第二段敘述他用花盆製作假山水的事件，第三段描寫他在家中招待朋友的情形。這三段的描述有什麼相似之處？

春華　這三件事都從愉快美好開始，以傷心難過結束。

老師　請舉例說明哪些事是愉快美好的？哪些事又是傷心難過的？

春華　第一段提到沈復愛花成癖，朋友臨終前送了他一盆珍貴的蘭花，他非常珍惜，妻子芸娘也把蘭花照顧得非常好，沒想到竟然被人澆了熱水，燙死了。

第二段提到沈復和芸娘非常用心的設計了一盆假山水，沒想到竟然被貓破壞了。

第三段提到沈復經常在家裡招待朋友，芸娘甚至自掏腰包盡心準備了豐盛的酒菜，所以朋友們都很喜歡到沈復家，可是這一切美好的事物最後都會消失，朋友各自流散，連妻子芸娘也死了。所以這三段都是先描寫美好的事情，最後卻是讓人悲傷的結尾。

老師　春華的說明簡要明白。還有哪一組想要補充？

筱雲　我們發現這三件事雖然像春華所說，從愉快美好的描述開始，以悲傷的描述結束。但這三件事有些不太一樣的地方。第一件悲傷的事是被有心人破壞，第二件是意外，第三件則是人生中必然發生的生離死別。

老師　筱雲，你們這組的發現非常有見解。你們對於這三件事的差別，有什麼理解嗎？

筱雲　人生總會遇到挫折，這三個事件，反映了人際關係、意外事故，還有生離死別，幾乎涵蓋了各個面向。

老師　春華和筱雲這兩組，大致上已經說明了第一題的內容。關於第二題：「這三段文本與『幼時閑情』有何意涵上的相似之處？」哪一組同學想要分享？

明芳　「幼時閑情」和這三段都是先寫愉快的情境，最後以感傷結束。只是最後這三段，沈復已經結婚了。我們覺得最悲傷的是最後一段，所有的好朋友都四散各處，連最心愛的妻子芸娘也去世了，只剩下沈復一個人，特別覺得孤寂。

宗翰　因此我們覺得，沈復很擅長用「映襯」的方式凸顯悲傷。如果純粹寫生命中不順遂的事，只會讓人同情。先寫開心的事，再寫悲傷，更加令人體會到深沉的悲痛。

老師，我們覺得沈復真的倒楣透頂，怎麼會遇到那麼多讓人傻眼的事！（同學又笑了，但笑聲透顯著無奈）

老師　宗翰，你們有沒有討論到這四段的意涵有什麼相似之處？

宗翰　嗯……我們覺得沈復把這些事情寫得很仔細，甚至可以說鉅細靡遺。為什麼他會寫得這麼仔細呢？我們認為這就像在做心靈治療，以書寫療癒生命中的各種挫折。

老師　這個聯想不錯，可以多說一點嗎？

宗翰　啊！那個，我請我們的組員來補充好了。（全班又大笑）

春華　老師之前提到，如果一篇作品只是寫出負面的結果，有什麼值得閱讀之處呢？我們就想到許多故事也是以悲劇收場，例如《梁山伯與祝英台》、《羅密歐與茱麗葉》，還有前一陣子很多人看的陸劇《步步驚心》和《天盛長歌》，男女主角最後都沒有在一起，可是為什麼還是有那麼多人愛看？我們認為，那是因為男女主角在困境中的堅持感動了我們，讓我們了解人生總有難關，無論遇到什麼難事，只要意志堅定，都能找到人生意義。

老師　**老師非常欣賞你們能夠結合生活經歷，來說明這四段的共同意涵。我也認為「書寫」是一種自我療癒的方式，人生中難免經歷不如意的事，我們該如何面對這些處境呢？與其自憐自艾，不如從這些經歷中學習。「書寫」是一種沉澱的過程，更是化被動為主動的力量，在書寫中將這些苦痛的經歷轉化為心靈的沃土。最後我要問各位一個核心問題：書寫生活中的喜悅與痛苦，能獲得什麼？**（核心問題／省思評鑑）

核心問題如一座橋梁，引導學生從文本閱讀跨至生命經驗，建立高層次的思考，從學習者成為創造者，能剖析自己的思維脈絡，並且予以應用。

雖然在單元問題的討論中，已經不斷扣連學生的生命經驗，但多是片段的歷程。故核心問題必須引導學生更有脈絡的運用自己的價值觀或生命經驗，回應問題。如同PISA閱讀素養評量最後一個閱讀歷程「省思與評鑑」，學生在回答的過程中，除了能連結個人經驗，使這個經驗在省思後獲得深化，更能在評鑑文本形式與內容時，也達到自我觀點及立場的評鑑成效。

老師　**網路是當代人際互動的新型態，每個人基本上都會使用LINE、Facebook或Instagram這類的社交平台。人們為什麼要在這些平台上傳生活的喜怒哀樂？想要透過分享獲得什麼呢？**

現代人在網路社交平台上的分享，與沈復撰寫《浮生六記》的想法一樣嗎？

毅文　網路社交平台似乎已經是我們的日常生活了。我每天一定會透過各種網路平台和別人互動，其實，網路遊戲也是我交朋友的一種管道。

老師問上傳生活的喜怒哀樂能獲得什麼？我想，是連結與認同吧！連結，讓我不覺得自己孤單；認同，讓我自己覺得有價值。

老師　**我們生活在網路時代，資訊的傳遞速度以及數量，是古人無法想像的。若如毅文所說，現代人希望從網路社交平台獲得連結與認同，那麼沈復的書寫又是為了什麼？**

毅文　我想，沈復如果活在現代，應該也會將他和芸娘的生活，或者和朋友一起玩樂的事，PO在臉書或Instagram吧！

老師　**還有其他同學願意回應這個問題嗎？書寫生活中的喜悅與痛苦能獲得什麼？**

筱雲　老師之前說「書寫」是一種自我療癒的方式。根據老師提供的四段故事，沈復的生活並不順遂，所以他寫《浮生六記》會不會是為了自我療癒？

老師 **沈復的確曾在《浮生六記》的〈閨房記樂〉裡說他對蘇東坡的「事如春夢了無痕」頗有感慨，所以認為「苟不記之筆墨，未免有辜彼蒼之厚」。意思是說，如果不把過往的美麗與哀愁記錄下來，而是任其飄散無痕，實在辜負了上天的厚待。所以書寫固然有療癒的效果，更有對於過往歲月的不捨與留戀。**

大明 老師，在剛才的討論中，我不斷思考沈復究竟有沒有把自己視為「受害者」？聽了同學的分享，我有另一種想法：我常在臉書或LINE上面看到朋友的「討拍文」，他們把生活中不順遂的事情寫出來，希望獲得支持或肯定。我並不喜歡這種文章，覺得他們把自己當成「受害者」，可能因為我是一個比較積極正向的人，認為所有困境都可以靠著努力而有所改變。

現在想來，人生中有許多意外，不是光靠努力就可以解決；人生也有許多遺憾，不是有毅力就可以改變。把心裡的悲傷表達出來也很重要，因為那是面對困境的第一個歷程。我不該從自己的立場，輕易否定別人的處境。

還有，我很喜歡沈復的表達方式，他並沒有用批判或哀怨的態度，看待生命中的不如意，而是像寫故事一樣，完整的寫出前後脈絡。我看著他的文章，就像陪著他經歷這些事件，自然而然就能同理他的感受了。這種表達方式，對我有很大的啟發。

宗翰　大明，你說得好棒，我以你為榮！（全班鼓掌大笑，大明也笑得很開懷）

老師　老師也和宗翰一樣，覺得大明有這麼深刻的體悟，非常不容易。我也從大明的回饋中，獲得啟發。

如果說「書寫」是一種消極的表達方式，「與人分享」則是積極與他人連結的態度。沈復撰寫《浮生六記》的目的，可能不像司馬遷一般想要等待「後世聖人君子」的認同，卻也實際影響了許多人。

清朝為《浮生六記》寫序的文人楊引傳，便說凡閱讀過本書之人「皆閱而心醉焉」[2]。書中所描寫的內容，雖然都是沈復的個人情事，但書中所抒之情、所記之事，喚起了廣大讀者的同情共感。從國中教科書仍收錄〈兒時記趣〉，便可看到《浮生六記》的影響力。

注2　楊引傳：《浮生六記．序》，載於俞國基眉批、呂自揚新編、沈復原著：《眉批新編浮生六記》，二〇〇四年二月，頁二五。

思考筆記

《說故事的力量》作者安奈特．西蒙斯（Annette Simmons）認為：「最好的故事就是發生在自己身上的事。所有的選擇終究都是個人抉擇，如果你想要影響別人的選擇，你會瞭解，最有力量的影響形式永遠都是屬於個人的。」[3]

沈復的《浮生六記》便是寫自己的故事，寫他和妻子芸娘的故事，寫他們夫妻倆的閨房之樂和閒情逸趣、也寫生活的歡欣順意和哀怨坎坷。

大學的第一堂國文，我帶領學生細細品味「幼時閒情」，喚回文言文閱讀的最初記憶，期望這條細微的記憶能因學思達的教學模式，重新予以編織，縮成一縷連結文學與生命的絲繩，引導學生領略中國文學的美感與哲思。

注3 Annette Simmons著，陳智文譯：《說故事的力量》。台北：臉譜出版，二〇〇四年六月，頁十七。

PART

薩提爾師生對話

薩提爾對話模式，讓教師能自我安頓，
並以正向好奇的態度處理學生在教室內外的問題。

對話的目的是了解學生的內在，
而不急著在一次對話裡解決問題。

01

最重要也最困難的事——真正需要改變的人

進成

你的期待是改變孩子。
我的期待不是，我的期待是跟孩子的內在貼近。

——李崇建

學習和推廣薩提爾對話的過程中，好多老師、父母都很想得到改變學生或孩子的策略或方法。繞了幾個彎，最後我才發現真正需要改變的人是……

二〇一七年的學思達年會，張輝誠老師希望讓更多老師認識薩提爾對話模式，所以請我協助主持學思達與薩提爾的對話，讓負責演講的李崇建老師可以更順利完成講座。

講座中為了讓與會者實際體會何謂薩提爾對話，我自告奮勇和崇建老師對話。在崇建老師的提問下，我想起了一個前幾年持續縈繞內心的夢境，夢裡教室空無一人……

好幾年前，我遇到了教學生涯的低谷。

當時我已經開始改變教學，投入翻轉教學一段時間，更為導師班付出許多心力。然而這個班升上國二時，有幾個學生的改變完全不如我的預期。尤其讓我失望不已的是，一個學生竟然基於「好玩」的理由，心血來潮找了班上好多人一起作弊。

傾聽內在的聲音

一得知這個消息，我失去理智衝進教室，把學生找出來大罵一頓。最後我鐵青著臉對學生說：「我想你還是轉學吧！或許換個學習環境對你比較好。我不想再看到你了。」說完後，我打了電話給學生的家長。但家長的回應，令我非常訝異。

家長或許理解，我這兩年來對他的孩子所付出的心血及陪伴，因此當他聽完我的說明後，只溫和地詢問我是否還有轉圜的可能。我堅定表達：我已經盡力，沒辦法再教導他的孩子了。

彷彿感受到我語氣裡的無奈，家長客氣的表示感謝，並同意明天就來幫孩子辦轉學。結束和家長的談話，我仍然怒氣未消，回教室告知全班，我對這名學生的處置方式。

第二天上午，犯錯的學生沒有進教室。幾堂課後，同事轉告我看到這個學生整個上午都在校園裡到處遊走。我有些驚訝但心想，反正他要轉學了，我已經不在乎他的言行，他不再是我的問題了。

直到中午回導師班陪學生午餐，進教室的剎那，意外發現整間教室「沒有任何人」！原來全班都去找犯錯的學生了，他們捨不得他轉學；也或許他們用這個方式，集體表達對我的不滿吧。

那一刻，我忽然明白了什麼叫五雷轟頂。好像有一股電流頃刻之間從頭頂灌進身軀，內在湧起好多複雜且難以言喻的感受。

我好想大喊，內心有很大的憤怒，也有無奈、沮喪和羞愧，當時我好想從這個世上消失，因為我居然已經變成了自己最不想成為的那種老師。

我不是最厭惡這樣的老師嗎？我厭惡總是用打罵或恐嚇的方式對待學生的老師。曾幾何時，我怎麼也變成了這樣的老師呢？

我怎麼了？

奇妙的是，在這麼難堪的時刻，內在同時出現了一個聲音，這個聲音提醒我不能再逃避問題，不能再將問題怪罪給學生、怪罪給家長，甚至怪罪給同事。

我自己必須負起最大的責任。真正需要改變的不是別人，而是我自己啊！

也許每個老師一生中都會遇到這樣一個重大時刻吧？面對這樣重大的衝擊，有些老師從此轉過身與學生保持距離、冷漠互動，選擇將教育僅僅視為一份謀生工作，不求有功，只求無過，等待退休。

那天，內在的聲音，則讓我做了不同的選擇。

當時我已開始在教學方法上尋求改變，也稍有成效，卻沒想到原來我的內在也需要改變。雖然我還不知道怎麼做。但我始終有個信念：上天不會給我們無法解決的問題。凡事一定會有答案，只是暫時我還不知道如何處理。

最重要也最困難的事

就這樣，我利用寒暑假和週休二日，積極的到處參與各種研習和工作坊，尋找改變的可能。

終於遇到了張輝誠老師，接觸了學思達；終於認識了李崇建老師，學習了薩提爾。漸漸能夠理解當年的我怎麼了，也慢慢走出困境。

二〇一八年學思達年會短講，我向來自全國的學思達教師分享我的領悟。我稱這個領悟是一件「最重要也最困難的事」。

某堂課，我引導學生練習表達，並要求每位學生必須拿著麥克風講話。輪到某個學生時，他拿起麥克風講不了幾句話，眼淚立刻滑了下來。

我有一點驚訝，也有一點困惑。

這時班上學生對我說：「老師，他（小越）很容易緊張。」喔，原來是這樣啊，我鬆了一口氣。

我轉頭溫和的對掉眼淚的男孩說：「小越，沒關係，如果你還需要一點時間準備，那麼先把麥克風傳給其他人吧！」為了讓課程流暢，我讓小越把麥克風傳給其他人，繼續進行課程。

下課後我請小越過來和我談話，小越一聽到我要找他談話，眼淚掉得更多了，完全止不住。我請小越坐下來，自己也坐下來：「小越啊，老師很好奇，你剛剛明明這麼緊張，怎麼還願意拿著麥克風啊？」

好奇妙，才這麼一個問題，小越的淚水立刻止住了。我繼續對他說：「老師真的很欣賞這麼勇敢的你，明明這麼害怕，還願意拿著麥克風講話。雖然這次沒有完成，下次再試試吧！」

剛剛還在掉眼淚的小越，紅通通的臉逐漸恢復正常，情緒慢慢平靜。

真的很奇妙！幾年前的我應該很難想像自己可以這麼和學生對話吧？這麼平靜的、溫和的看見學生的認真與努力、欣賞學生的認真與努力。

當我看見了學生、欣賞了學生，就能連結到他的內在渴望，就能給學生力量啊！原來被看見、被欣賞是這麼重要的事。

我到底是怎麼做到的呢？

看見自己，欣賞自己，感謝自己

二〇一八年暑假，我和琇芬到一所南部的科技大學分享教學心得，下課十分鐘，把握時間在大樓日行萬步。

我刻意繞遠路，走到某個樓梯間的時候，聽到「咚、咚、咚」的奇怪聲響。我內心先是一驚，當下第一個念頭還以為發生了校園靈異事件。畢竟暑假的校園裡沒什麼人。而這棟教學大樓除了進行研習課程的那一層，應該沒有其他的人。但那聲音像在撞門，「咚、咚、咚」，像個有執念的人，持續不斷的敲門聲。

深呼吸一口氣後，我忍不住好奇的靠近樓梯間一看，原來有一隻麻雀被困在教學大樓裡面了。

樓梯間的窗戶是外推式，雖然窗戶推開了，但只有一道小小的縫隙。麻雀很努力地往窗戶飛去，卻一再失敗，因為縫隙實在太小了，麻雀盲目亂飛，很難飛出去。

我開始替麻雀擔心，好不容易等到牠不再亂飛，便把樓梯間的所有推窗都打開，然後立刻退到角落等待，看牠是不是能夠順利飛出去。

沒想到麻雀也安靜地躲在角落，不敢靠近。哇！原來牠怕我！雖然我覺得自己好心協助牠，可是牠應該很難明白我的心意吧？

我換了一個角落站立，這時麻雀才驚慌失措的重新朝推窗飛去。沒想到飛行的角度不太對，又撞到玻璃窗摔到地上了，幸好牠再次從地面起飛，終於順利脫困。

瞬間，這個空間只剩我一人。我站在原地，靜靜看著窗戶，心裡面有一些奇妙的感覺，一時之間難以言喻，回到家將思緒沉澱成文字之後，才了解自己的內在發生了什麼事。

原來，這隻受困的麻雀就是幾年前的我啊！幾年前陷入教學低潮的我，和麻雀一樣受困，那時或許身旁也有很多貴人試著伸出援手，而我卻一一將他們推開了吧！

我花了一段時間慢慢走出困境，聽了張輝誠老師的演講，參加了李崇建老師的工作坊後，我終於明白自己想做的改變。

當天晚上，我以文字回想受困的麻雀這件事所帶來的啟發，開始感謝這些帶領我學習與成長的家人、朋友和老師，感謝一路上的貴人。

過了幾天，突然驚覺還漏掉一個人，還有更重要的一個人。

我忘了感謝自己。感謝自己雖然受困了，陷入教學生涯最深的低谷，仍然為自己做了一個很重要的選擇和決定。

我不再責怪學生、家長或其他身旁的人，我只想好好改變自己。沒想到我居然花了這麼長的時間，才看見自己和欣賞自己。

原來，看見自己、欣賞自己，是這麼困難的一件事啊！

我發現最重要也最困難的是，看見自己與欣賞自己。

最後，我想給願意進行教學改變的每位老師一些鼓勵。未來無論遇到任何困難，請記得：**只有當我們懂得看見自己與欣賞自己的時候，或許才有可能真正踏上改變的道路。**

學習和推廣薩提爾對話的過程中，好多老師、好多父母都很想從工作坊中，得到改變學生或改變孩子的策略或方法。回顧自己的過往一開始也是如此，總認為是別人需要改變，而不是我自己。

繞了幾個彎，最後才發現，真正需要改變的人，是我自己。

這段歷程，總讓我想起《西藏生死書》的〈人生五章〉。

在人生道路上，我們往往不經意掉入慣性，得費好大的工夫才能處理因慣性而造成的問題。第二次遇上相同情境，再次發生衝突，我們依然認為這不是自己的問題，只是又花了一番工夫才得以處理。

慣性不改，還有可能發生第三次……若是能夠發現問題來自於自己的習氣，願意承認是自己的錯誤，就有可能改善問題。之後，我們謹慎前行，小心避開慣性的反應。直到有一天，我真正能夠改變處境，創造新的可能，便是選擇一條新的道路，重新開始。

02

霸凌者的孤單——完全接納的傾聽

進成

如果你感到安全與被愛，
你的大腦會擅長探索、遊戲和合作；
如果你感到害怕與不被需要，
大腦就會專門處理害怕和被遺棄的感受。
——《心靈的傷，身體會記住》

自從崇建老師推廣薩提爾模式的對話，許多人紛紛報名各種薩提爾模式的工作坊，熱切期待透過對話順利「解決問題」，例如伴侶的問題、孩子的問題和學生的問題，但是這樣的期待或動機反而遠離了對話本質。

對話，並不是要用來改變對方，或解決人際關係的問題，而是以正向好奇的態度，與他人連結。

下圖是我學習薩提爾對話以後，在與學生、朋友及家人的對話練習中，體會到的對話流程：

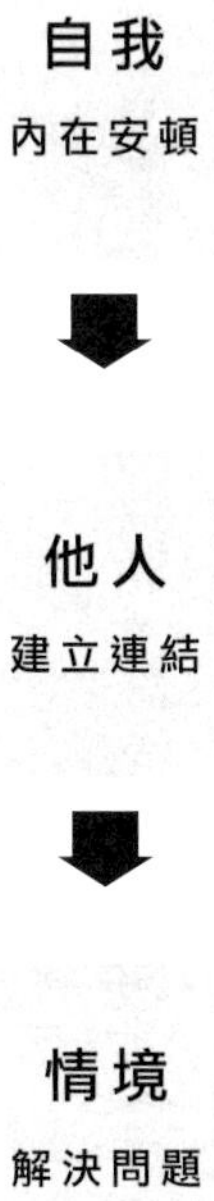

對話之前，需要先覺察自己的狀態，若心情沉穩平靜才可以直接進行對話；若自己還有一些負面情緒，可以先深呼吸，辨識當下的情緒，等到自己認為可以平靜對話時，才適合開始。

對話時，若帶著預設目標企圖解決問題，卻未曾安頓好自己，就無法好好理解對方，更不用談和對方建立起關係。因為帶著解決問題的目標導向，很容易淪為訓話或說教，不但無法達成想要解決問題的目的，反而更容易製造出新的問題。

只要能和對方建立連結，很多時候問題就會自然鬆動。建立連結的過程，需要長久的時間，就像面對一條打了無數死結的繩子，只能慢慢的、一個一個的把結解開。解開繩結的方法，就是對話的原則，一旦原則掌握了、熟悉了，就能把結鬆開；所有的結都鬆解後，問題也就不存在了。

垂直式的對話

當自己獲得安頓後，須以「正向好奇」的態度與他人對話，也就是對他人純粹的好奇。除了探索及核對對方的言語與行為，若想要多理解對方言行背後的原因，可以採取垂直式的對話，好奇與探索內在冰山的各個層次，包括事件、感受、觀點、期待、渴望。

垂直式的對話和一般閒聊大不相同，一般閒聊或八卦比較是在事件上進行水平式的談話，通常只是不斷探究事件細節、對方隱私，或直接給建議，企圖解決對方的問題。這種水平式的對話很容易讓對方感到不耐、煩躁，雙方自然很難產生真正的連結。

為何需要垂直式的對話？

在《心靈的傷，身體會記住》這本書中，以淺顯易懂的譬喻解釋大腦結構。書中提到大腦基本上可分成兩大部分：「理性腦」和「情緒腦」；「理性腦」就像是一名騎術尚可的騎士，「情緒腦」則像一匹馬。

當一個人感到平靜時，理性腦和情緒腦合作無間，運作良好，就像騎士（理性腦）安穩地騎在這匹馬上（情緒腦）；但只要一感受到威脅，這匹馬（情緒腦）就會立刻向前狂奔，難以駕馭，狠狠將騎士（理性腦）摔下馬來。

在人類遠古時期力求生存的演化過程中，情緒腦已成為高速反應的作戰部隊，這支高速反應部隊一遇到危險，在指揮官（理性腦）還未下達指令時，往往就已經做出了「戰」、「逃」或「僵呆」的劇烈反應。

指揮官（理性腦）為何不好好下達指令呢？因為根本來不及啊！在演化過程中，情緒腦中的「杏仁核」猶如危險偵測器，反應速度至少比理性腦快了一千倍。

想像以下畫面：遠古時代，有一群原始人在草原找食物，眼前不遠處的草叢忽然一陣晃動，是老虎嗎？還是無害的動物？或根本是虛驚一場？如果真的竄出一頭老虎或猛獸，這群原始人誰能活命？是一開始高度神經質拔腿就跑的人？還是留在原地、再三估量眼前風吹草動是真威脅或假威脅的人？

經過一次又一次的考驗、數十萬年來演化的結果，誰的後代能在地球上繁衍？遠古時代人類為了生存，情緒腦的「迅速」和「過度反應」是必要的。因此，你我的大腦，都有類似的生存機制。

雖然我們已經不再生活於處處皆是威脅的遠古環境，但人類的大腦結構與反應卻尚未脫離上述機制。現代生活中，大大小小的威脅仍然真實且具體存在於各處，比如伴侶一時大意忘記接送小孩；又如督促孩子早點休息，他卻置之不理；再如請學生回答問題，他卻不肯回答等等。這些情況都會激發情緒腦的反應，把理性腦甩到後面。

那麼，對你來說，什麼又是威脅呢？有沒有發現，一旦事過境遷，我們往往又會對自己當時的過度反應感到尷尬或後悔不已。

該如何改變或減緩這樣的反應，讓情緒腦不要過度反應呢？《心靈的傷，身體會記住》這本書，根據西方近幾十年來主流與非主流的研究，提供三個路徑。

第一是藥物治療。主流的精神醫學多半採取這個路徑，但常造成許多大大小小的後遺症；其次是根據大腦結構，分成由下而上的調控，以及由上而下的調控等另兩個路徑。

由下而上的調控是透過運動和肢體接觸，讓情緒惱獲得安撫，理性腦得以重新開機。例如，父母的擁抱可以幫助陷入情緒泥沼的小孩獲得喘息與恢復平靜。

由上而下的調控指的是透過理性腦的喚醒，處理情緒腦的過度反應，包括正念、靜心和瑜伽等各種方式。

正向好奇的對話，正是屬於由上而下的路徑。這幾年當我刻意運用正向好奇的對話方式，處理學生在教室內外的一些問題時，往往可以明顯緩解學生過度緊張或異常憤怒的情緒，也因此減少了許多師生或學生之間的衝突。

對話，從傾聽開始

對教師來說，對話最困難的部分，一直是自我的內在安頓。

怎麼說呢？通常教師會找學生談話，十之八九是學生發生一些問題的時刻，這時教師如何心平氣和地和學生對話呢？真的很困難。

因此，我想建議父母或師長，平常就主動關心孩子或學生，進行正向好奇的談話，不要等到孩子或學生出現問題時，才找他來談話。平時對話的時間長短不拘，重要的是避免學生產生制約反應，以為老師找他，是因為又要訓話了。

其次，平時就主動和孩子或學生進行溫暖好奇的對話，可以建立彼此之間正向的連結，也就是「在關係裡累積存款」。這些「關係存款」，對於未來的師生互動有莫大的幫助。

如何進行這樣溫暖好奇的談話呢？

我通常會問我的導生三個問題，第一個問題是「小時候，搬過家嗎？」主要是藉此了解學生家裡的生活情況、經濟狀況，也大概可以了解學生的家庭。

第二個問題是「生病時，是誰帶你去看醫生呢？」了解學生的主要照顧者是誰。

第三個問題則是「當你遇到困難或心裡難過時，你會找哪個家人？」了解他心理層面的支持者。

再根據上述三個問題的答案，進一步進行更多垂直式的對話。

如果學生已經發生較為重大且緊急的問題，需要教師即時處理，又該怎麼辦？我還是會依照對話流程，先傾聽自己，核對自己的內在是否安穩，是否對當事人沒有任何預設立場？如果我的狀況是好的，才會考慮找學生來談話，也會在談話過程中，不斷提醒自己**對話的目的是想了解學生的內在，而不是急著解決問題。**

深入探索學生的內在

幾年前，我的班上發生霸凌事件。小花（化名，以下學生的稱呼均為化名）不滿小珍的言行，和班上一群人聯合起來以言語攻擊小珍。小珍的媽媽知道這件事之後，傳簡訊告訴我，期待我介入處理。

如果是以前還沒有學習薩提爾對話模式的我，大概會氣到不行，然後找當事人痛罵一頓、說教一番。但這麼處理的結果，經常只是讓問題變得更糟，師生關係嚴重破壞，學生不再把他們遇到的問題告訴我。

幸好，現在我有不一樣的選擇，不再受情緒影響而衝動行事。

看到小珍媽媽的簡訊後，我決定找適合的時間和場所，和小花好好對話。在談話前，我深呼吸了幾次，先核對自己的內在是否已有預設立場？嗯，確實沒有。反倒是對小花有許多的好奇與關心。

和小花的談話，一樣只是關心她的童年與成長。從「難過時，找誰呢？」的問題中得知，小花的心理支持者不是媽媽，而是外婆。

老師　小花，老師想知道，你心裡難過時，會找哪個家人？

小花　外婆。

老師　嗯！這樣啊！有發生什麼事嗎？最近，你有去找外婆嗎？

小花　我和媽媽吵架，她希望我增加補習，但我真的很累，所以請外婆幫忙。

我先以具體回溯的提問，了解小花的家庭狀況，當細節愈多，愈能幫助彼此打開感官，浮現記憶的畫面，牽動內心情感，同時拉近雙方的理解，更可以幫對方和自己的內在感受建立連結。

老師　嗯！謝謝你讓老師知道。上國中這段時間，還好嗎？有沒有需要老師幫忙的地方？和班上同學相處如何呢？

小花　老師，我們有一群人都很討厭小珍，覺得她很做作。

老師　很做作？老師不太明白，是什麼意思？

小花　就是在男生面前很做作，男生都很喜歡她。（我有點驚訝，小花竟然主動對我坦承這件事）

老師　小花，謝謝你信任老師，願意對老師說你和小珍之間的事。

老師　小花，小學時有沒有被人欺負呢？（我想探索她對這些事的觀點）

（小花點點頭）

老師　什麼時候？

小花　小學三、四年級。

老師　**喔！那時發生什麼事了？**

小花開始回想並說明當時發生的事。聽完小花的敘述，我試著重點整理重述給她聽，這也是一種積極傾聽的技巧，讓她感受到我的專注，也可以藉此核對我的理解是否有誤。

老師　**原本一、二年級的好朋友小凱，升上三年級後和其他人開始排擠你呀？當你被排擠時，有什麼感覺呢？**

小花　老師，他是被朋友教壞了。

小花沒有回答她的感受，反而是表達觀點。和學生談話時，常會發現這樣的情況，或許是在說教的環境裡長大，也就習慣表達觀點，忽略感受。

因此，為了能讓對方好好說出自己的感受，我採取封閉式問句來進行，一一列舉可能的感受，讓小花更容易回答。

老師　**嗯！老師想知道的是，當時你會難過嗎？孤單嗎？還是不舒服？**

小花　我會難過。但他是被朋友教壞了。

老師　嗯……（我刻意停頓，溫和地看著眼前的小花，她有些不安的避開我的視線）**老師知道你難過，那你怎麼辦？有對誰說嗎？**

小花　我有對媽媽說，媽媽叫我不要理他。

老師　嗯，這樣啊！小花，當你決定不要理他後，心裡有比較好一些嗎？

（小花聽見我叫喚她的名字，抬頭看看我）

小花　有。

老師　小花，你好勇敢啊！從小學三年級一直到五、六年級，不算短的時間啊！你是怎麼忍受過來的？

我探索她的資源，也試著連結她的渴望。她欲言又止。我沒有急著繼續問話，而是停頓了一會兒，仍然溫和的看著她。

老師　如果有機會，可以和當時欺負你的小凱說一句話，你會想對他說什麼？

小花　我會希望他不要罵我，如果我哪裡做錯了，請直接告訴我，讓我可以改進。

老師　小花，這是你想對小凱說的話嗎？

老師有個好奇，如果小凱就是看不慣你的言行呢？

例如你只是很內向，不喜歡說話，他就開始攻擊你，你怎麼辦？

老師的意思是，你根本沒有做錯，怎麼辦？

（小花沉默思索）

老師　小花，如果這個被攻擊的人是你的好朋友，你會怎麼安慰他？

你的好朋友沒有傷害小凱，但小凱就是想攻擊你的好朋友，你會怎麼做呢？

小花　嗯……我會對小凱說，請他不要這麼做。我認為這只是觀點不同，小凱又不認識我的好朋友，他不可以因為不喜歡我朋友的言行，就故意傷害他。

我也會安慰朋友，他沒有做錯什麼，只是觀點不同。

（小花的回答讓我很驚訝，她的語言能力以及照顧朋友的態度，讓我印象深刻）

老師　小花，你的意思是，小凱可以不喜歡你的好朋友，但他不可以故意攻擊他、傷害他，對嗎？

（小花點頭）

老師　小花，老師很敬佩你的想法，原來你是個能為人著想的孩子，也是個很有原則的人。

老師　但老師有個困惑。小花，小珍有傷害你嗎？

（小花搖搖頭）

老師　但你卻因為不喜歡她的言行，就說她很做作。怎麼回事？（我停頓了一會，覺察自己內心似乎有些情緒出現，試著深呼吸了幾次，才開口繼續說話）

老師　你覺得這裡有沒有矛盾呢？

（小花點頭了）

老師　老師猜想你是不小心的，是嗎？你願不願意當面和小珍溝通，說說你的想法？

獲得小花同意，下一堂課，我請小珍來找我，和小花共同對話。我先請小珍說說她的感受。說完後，我問小花：「有話想對小珍說嗎？」小花有點遲疑。

老師　怎麼了？

小花　老師，我可以等娟娟回來再說嗎？

老師　怎麼說？

小花　她是我們的大姊頭……對她……我有些陰影。

老師　嗯！是不是我先請小珍到旁邊，你比較方便說？

（小花點點頭）

老師　小珍，請你先到教室後面休息。

（小珍很配合的到教室後面）

老師　小花，怎麼了？什麼陰影？

小花　老師，國小五、六年級時，我和娟娟也霸凌過另一個女生。

聽到這裡，我的內在忽然很不平靜。我停頓了許久，深呼吸幾次，重新整理自己的內在。平靜後，我才繼續探索。了解事情原委後，我問小花：「現在，你如何看待自己那時的行為呢？」小花搖頭：「不知道。」

老師　會難過嗎？或後悔？

小花　後……悔。（小聲地說）

老師　小花，你是說當時你很孤單，如果沒有跟著大家欺負那個女生，你擔心自己會被排擠，是嗎？（我試著重點摘要陳述）

（小花點點頭）

老師　**老師知道你害怕孤單，那麼你現在還會害怕孤單嗎？**

小花　老師，我不會了，因為我現在有了一群好友。

老師　**小花，老師有些好奇，你不會害怕孤單了，但會不會因為好朋友討厭一個人，你仍然像國小那樣一起去排擠對方呢？**

小花　老師，我不會。

老師　**小花，老師又困惑了，你有發現這個矛盾嗎？**

小花　有。（小聲地說）

老師　**你願意說說看嗎？**

小花　我和幾個同學在排擠小珍。

老師　**小花，老師好欣賞你的坦率和勇敢。你沒有否認你做的事，雖然這件事不太恰當，但你勇敢承認了。所以，你剛剛說不會，是什麼意思呢？**（我仍然平和的詢問）

小花　老師，我雖然也罵了小珍，但我沒有完全聽好朋友的話，拒絕和小珍互動或說話。

老師　**嗯，這樣啊！你的表現真的和國小不太一樣了。**

小花，最後老師想表達對你的欣賞，老師覺得你是一個很有原則、很勇敢，也很溫

柔的人——小凱欺負你，你卻仍然想保護他，不讓我知道他的全名，怕我去找他。雖然做錯了一些事，但你願意面對自己的問題，真的很不簡單。老師期待你能保持這樣的你。

思考筆記

薩提爾女士用冰山來比喻人的內在，對我有很大的啟發與學習。透過冰山理論，我更了解自己，也更靠近學生。

霸凌只是事件，是多數人都能看到的部分，過往我會急著處理霸凌事件，但效果有限，甚至不小心還會變成問題的一部分。

如今透過垂直式的對話，我開始能夠深入探索學生的內在，也就是發現隱藏在事件深處的各層次。

我探索了小花的觀點、小花的感受和小花的期待，更重要的是我看見了小花的渴望。小花霸凌他人的原因，是害怕孤單，渴望與他人建立連結。

在和小花的對話過程中，我的工作只是好奇和提問，她其實明白自己做了什麼，也知道自己做錯了什麼。此外，我在小花的困難裡，發現她的資源並表達由衷的欣賞。

這個對話歷程，對我來說，重點是和小花建立連結。我不急著在這一次對話裡就能解決問題，但我看到了一個努力想幫助自己不孤單的人。

03

當師生關係面臨衝突——先覺察，再同理

從小翼的回應中，感覺他內心的高牆也消失了，因為我不再用指責的語態，而是真誠的表達出自己的感受與想法，他才會願意說出當時的處境與感受。

此刻我們真正看到了彼此，以一個「人」的身分，而不是老師與學生的角色。

琇芬

執教十七年，才擔任導師。導師與教師最大的差別，在於陪伴學生的時間增多、關心的程度加深。與學生的緊密度，直到大四畢業專題製作時，來到了高峰。

畢業專題製作是大學學習的整合成果，學生從大三暑假開始著手撰寫文學作品或製作文創產品，大四開學第二週繳交企劃書，第十五週完成作品初稿，第十六週通過三位評審

老師的公開口試，才能參加下學期的畢業作品展覽。

歷屆學生都在重重關卡下完成作品，身為教師當然會因為學生的表現而歡喜，為學生的挫折而憂心，直到導生面臨畢業專題的考驗時，我因而更能同理學生的感受。

在個人製作畢業專題的階段，除了指導自己的學生，也隨時關注其他學生的進度。公開口試時，除了為自己指導的學生擔心，也為每一位學生在台上的表現而緊張。

順利通過口試的學生，我為他們而開心；未能達成口試標準的學生，我也和他們一樣難過，並感到心疼。

個人創作階段完成後，接著便是全班合作的策展任務。過往全班合作的機會不多，固然有合唱、啦啦隊、大隊接力、排球、籃球等校內比賽的經驗，但面對群眾的公開展覽，不僅是學生的第一次，也是我的第一次。

學生從大一看著學長姊們完成不可思議的任務，固然感到敬佩，卻也懷疑自己是否有能力完成；我參與過六屆學生的畢業展籌備過程，但直到擔任導師班的畢展總監，才了解策布展的種種艱難。

我以為，我們做不到；沒想到，我們一起完成了。

策布展這項大型合作的前提，除了依能力安排任務，更重要的是如何公平分配工作。

即便已依能力和意願分配妥當，實際執行時，各組還是頻頻出現意想不到的狀況。

做事不難，應對才難

關於合作，難的不是事務，而是人際應對。事務可以經過討論與修正，逐一完成；但分工如何整合，關乎時間的協調、進度的配合，以及觀點的溝通，稍有出入，皆可能因為誤解而產生衝突。

學生在事務的規劃與成果表現方面，令我深為讚嘆，但觀點的溝通協調過程，則讓我頗為苦惱。一旦稍不覺察，自己也會攪入學生之間的紛爭，擴大了衝突的面向。

有次在班會上，小虞對於畢展成果及策展工作的評分方式提出意見。或許因為小虞表達的方式有些情緒，加上我因為持續一段時日處理畢展業務而感到疲憊，一時不察，竟在全班面前，對小虞表達我的詫異，並以超理智的態度包裹著指責，大談為人處世的道理。

當下雖然自知這麼做，非但無法解決問題，還可能造成師生間的不信任，但我被情緒所控，胸中有不吐不快的衝動。其實那些為人處世的道理，小虞都懂，何須我再多言。我只是試圖以道理捍衛自己的立場，保護受傷的心。

幸而我在班會後，探索內在的冰山，覺察到自己的生氣、煩躁、不安、難過，源自於專業角色受到質疑，我認為自己已經周全的考量到所有人的需求與工作的承擔，學生怎麼還在質疑我？

我的努力沒被看見，我的價值沒被肯定，我覺得自己的付出沒有意義。我的期待沒有被滿足，因而自我價值低，內心變得脆弱，像刺蝟一樣伸展出指責的刺，傷害了學生，更傷害了自己。

沉澱過後，我在班級臉書社群寫了一些話，向學生表達歉意及自我省思，也向小虞表達我對他的欣賞與肯定。

小虞讀了我的貼文，透過私訊表達他的想法，認為當下沒有顧慮到老師的立場，希望我能收下他的道歉，並且感謝我的付出，讚美我是一個很棒的人。

衝突，往往發生在觀點的層次；雙方立場不同、權力不平等時，彼此的內在都受情緒所影響，進而相互指責。

當人們相互指責時，很容易將「期待」與「渴望」混為一談，認為對方做出不符合自己期待的事情，便是否定自己的價值，因而卡在對立的情勢裡，導致關係的破裂。

「期待」是針對現實中的單一具體事件而言，「渴望」則是人類共有的生命價值感、意義感，兩者本不相同。

例如，我期待學生能理解我提出的評分方式（單一具體事件），但我卻將他們對評分方式的疑問，視為否定我個人的價值與意義（渴望）。

學生並不會因為對評分方式提出意見，就不尊重我；意見的提出與是否尊重我，是兩種不同層次。但人們卻常常因為一件事情的期待落空，視為自我價值的失落，這便是人際衝突或情緒勒索的原因之一。

我很高興能看到如失控的馬一般往前奔馳的情緒，因為有所覺察而能喚回理性，從而安撫高漲的情緒。我很欣喜能看見自己與學生期待的差異，並只在期待裡核對與協商，不因期待失落而否定自己與學生的價值。

學生期待自己的努力與特色能被看到，所以希望評分標準有利於展現個人的創意；教師期待學生在畢展的過程中，能體會團隊合作的精神，展現主題一致的風格，所以希望評分標準著重於團隊工作的表現。

期待源自於觀點，如果一直在觀點裡爭辯，彼此雖在眼前，卻彷如隔著兩道看不到的高牆，無論如何大聲叫喊，始終看不到彼此的渴望，也否定了彼此身為一個人的價值。

辨識情緒，看到渴望

好不容易畢業作品展覽結束，為期一年的辛勞終於來到最後階段。萬事俱全，偏偏當初畢展事務少了「撤展小組」的規劃。當全班都鬆了一口氣，歡慶畢展結束時，如何臨時再成立一個小組負責撤展？這考驗著我的領導能力。

根據工作的勞逸及學生的個性，我私下半邀請半指定地找了數十位學生，協助撤展工作。其中大部分的學生在展場工作，負責將展出作品及布展用具送上貨車，學校端則央託三位高大壯碩的男同學，負責將作品及用具搬下貨車，分別送到各處歸位。

原本一切該在當天畫下句點，皆大歡喜。可是出了個意外，某處鑰匙沒有借到，只好請學生先將該處物件送到系上的教室暫放，改天再處理。

隔了兩天，鑰匙借到了，我私訊給組長小翼，請他負責找另外兩位同學將暫放的物件送回原處。

小翼拒絕了！要求由其他同學執行這項工作。我先是感到驚愕，隨之被生氣的情緒所主宰，立即飛快的打字回應：「就效率而言，這件事由你們收尾，我不用重新交代。就工作完成度而言，這件事本來就涵蓋在內，不會因為隔了兩天，就變成別人的事。」

看到我所回應的內容，各位讀者猜猜小翼會如何回應呢？沒錯！我們兩人開始在觀點的層次一來一往，互不相讓。

每一次回應，我都認為小翼應該會自認理虧、自動認錯，卻又一次次看到他理直氣壯的言論，簡直快要氣炸了！

氣炸，這情緒太強烈了，強烈到無法忽視它的存在。我不由得問自己：「怎麼了？怎麼會跟學生爭辯呢？」

我終於看到了那匹失控地向前奔跑的情緒馬。我將手從鍵盤上收回來，深深地呼吸，然後離開書桌，遠離衝突現場，我需要冷靜一下。

我離開電腦做些其他的事，但腦子一直探索自己的情緒。

除了生氣，還有什麼感受嗎？我發現除了生氣，還有難過、受傷、煩躁、慌張、挫折、無奈、無助、失望、懊惱、委屈。

意識到自己有這麼多的情緒後，我才有所警醒：小翼在這場衝突對話中，又有哪些情緒呢？應該不比我少吧！

我試著同理小翼的處境，猜測他此刻的情緒，應該也很生氣吧！除了生氣，還有難過、受傷、煩躁、羞愧、沮喪、害怕、孤單、不安、慌張、緊張、無助、無奈、失落、失望、委屈。

哇！小翼的情緒應該比我更多、更複雜吧！和老師據理力爭，多麼需要勇氣啊！這勇氣可能來自生氣，但更多的是複雜情緒所累積的負面能量。

同理了小翼的情緒後，我原有的情緒漸趨舒緩，但多了自責，也浮現了心疼與不捨。因生氣而僵硬的肩膀鬆了下來，胸口深處產生了一些酸楚的感覺。這些感受與想法浮現後，阻擋在我面前的高牆消失了，覺得自己和小翼靠近了一點。

回到電腦前，我打開一個新檔案，緩緩地在鍵盤上敲著一封給小翼的信。

昨天看到你留言的第一時間，我被驚訝和生氣的情緒所影響，立刻以「指責」的姿態回應你。又自以為「理性」地說明工作的職責，希望你完成撤展最後的收尾。

我自信的認為這樣就可以「說服」你，沒想到又看到你質問分組的事，立即又被情緒所綁架，馬上以指責回應。

其實，那冗長的內容，看似說道理，背後還是藏著我的怒意。回應的當下，我覺得很暢快，因為把錯誤指向你。

果然，你又提出自己曾經做過哪些事，為什麼我沒有看到？你的回應，讓我停住了，也讓我看到自己指責的姿態。

其實之前的內容，我們都只是在各自表述，希望對方可以明白自己的原則，了解自己的委屈。

在第一時間，我以為自己是在氣你。可是當我停下來自我省思時，才發現生氣的背後，是委屈。

委屈什麼呢？因為我覺得我的苦心沒有被你看到。可是同時，我也沒有看到你的辛苦。為什麼這麼多同學，我卻特別指派給你。其實是因為對你的信任。把這麼重要的工作交給你，我會放心。我認為，你是值得我交付任務的學生。

許多衝突，都是在彼此沒有事先核對或釐清想法的情況下發生的。希望這次的事件能讓我們學會彼此核對與釐清的重要。

小翼收到我的信後，說了一件令我感到意外的事。原來，當初我請小翼負責在學校點收與搬運畢展物品時，因擔心人手不夠，曾請我協尋其他同學幫忙。於是我在班級臉書社群發出公告，詢問是否有同學能幫忙，但等了一天，竟然只有一個人願意幫忙。

當我找小翼負責撤展的工作時，他覺得這是全班的事，所以自己也該盡一份心力。但是當他等不到同學的協助時，覺得很受傷，彷彿沒有獲得同學的認同。因此第二次我再請他把物件歸位時，他才會拒絕。

當初我在班級臉書社群發出請求協助的公告時，其實也很受傷。我的想法是：「我這個導師很失敗，等了一天竟然只有一位學生願意回應。」雖然當晚有另一位學生私訊我，表示他可以協助，但我還是被負面的情緒所影響。

我竟沒想到，小翼也等了一天，等不到同學的支援，那該有多麼沮喪和難過啊！

從小翼的回應中，感覺他內心的高牆也消失了，因為我不再用指責的語態，而是真誠的表達出自己的感受與想法，他才會願意說出當時的處境與感受。此刻，我們真正看到了彼此，以一個「人」的身分，而不是老師與學生的角色。

如果小翼拒絕將畢展所用的物件歸位時，我能先好奇他的感受與想法，而不是被生氣所操控，就能避免那一段彼此傷害的爭辯。小翼的回饋，讓我意識到，其實每一個看到這則公告的同學，也都有各自的觀點和感受吧！

幫忙與不幫忙，都各有原因。我卻受限於個人的觀點，看不到他人的處境，妄下結論，困在自我投射的觀點裡。

畢業作品展雖然落幕，學生也已畢業，進入下一個人生階段，但這些曾發生過的美好成果與誤解衝突，在盡心投入與相互了解的過程，皆能成為心靈的沃土，成為滋長下一段人生的養分。

思考筆記

薩提爾女士認為，每一個人都渴望被愛、被肯定，但當一個人的內在不夠強大時，便會仰賴他人界定自己的價值。

指責、討好、超理智、打岔這四種應對姿態，是低自我價值的人所採取的求生存姿態，目的是保護自我價值。

網路上流傳這麼一首詩，內容反映了四種應對姿態的內在匱乏，摘錄於下與各位讀者分享：

當我內心足夠強大

你指責我，我感受到你的受傷

你討好我，我看到你需要認可

你超理智，我體會你的脆弱和害怕

你打岔，我懂得你如此渴望被看到

在我和小虞及小翼的衝突當下，彼此都採取了自我捍衛的超理智和指責姿態，那是因為我們內在受了傷，感到脆弱或害怕，需要被看見、被認可。

應對姿態是內在冰山的外顯行為；與人衝突時，可以先觀察自己和對方的應對姿態，從而覺察內在的感受。

感受是向內探索的窗口，無論是自我關照或與人對話，從感受切入往往能夠連結彼此的渴望，避免在觀點或期待上產生爭辯。

渴望是人類共有且相同的，我們都希望自己有價值、有意義、被愛、被肯定、被關懷。衝突的發生，經常是因為立場、觀點與期待的不同所導致。若能跳脫自己的角度，看到彼此的差異，並且相互同理，便能發現每個人都希望在合作的過程中，尋求協助、彼此共榮。

在我與小翼的衝突中，我先覺察自己的情緒，再同理小翼的情緒，這個過程能減緩情緒的強度，甚至轉化為關懷對方的情緒。

一旦能真誠的表達自己的感受、觀點與期待，對方便能察覺到善意，情緒也能得到舒緩，這時溝通才有可能進行。

下次若遇到令你生氣或煩憂的事，不妨先覺察一下，這些感受是怎麼來的？你才可能卸下心防，看到站在你面前的人，並與他好好對話。

04

孩子，你的眼淚是什麼？——用正向好奇開啟師生對話

進成

每場談判，都是從情緒談判開始。

——《華頓商學院最受歡迎的談判課》

當我對處在困難中的學生表達真誠欣賞和正向好奇時，學生通常會被觸動，緊繃的神情柔和許多，比較願意和我持續對話，回答我的問題。

某堂課的老師因小瑞上課吵鬧，認為小瑞態度不佳，要將他記過。於是我請小瑞過來談話。「小瑞，怎麼回事？」我試著用溫和寧靜的語氣詢問。

小瑞急著向我解釋。我專注傾聽小瑞說話，等他告一段落，才簡單與他核對感受：「小瑞，當你聽到任課老師要記你過時，你有什麼感覺呢？會覺得難過？委屈？還是有其他不舒服？」小瑞一下子紅了眼眶，低聲說：「有些委屈。」

老師　**老師知道你有些委屈**（停頓一會），**你的委屈是什麼呢？說說看，好嗎？**

小瑞進一步說明。我重點摘要他所說的話：「你的意思是你不是故意吵鬧，是因為坐在後面的同學問你話，你沒聽清楚，才出聲詢問，是嗎？」小瑞覺得我接受了他的理由，表情柔和了一些。

老師　**但小瑞，老師覺得有個地方怪怪的，想要請你再想一想。**

（小瑞困惑的看著我）

老師　**你剛剛說，之所以被老師罰站，是因為上課時後面的同學找你講話，你沒聽清楚才大聲的說：「蛤？」**

（小瑞點點頭）

老師　**關於你的反應，老師覺得怪怪的。有人在課堂上找你說話，你一定要回話嗎？我有點困惑。**

（小瑞低下了頭）

老師　**嗯，小瑞，你願意說說看嗎？**

小瑞　我可以選擇不要回話（他似乎明白了，上課時和同學說話並不恰當）。

老師　嗯，小瑞，你的想法很棒，你發現自己其實是有「選擇」的。

我刻意強調「選擇」這兩個字，希望讓小瑞意識到，一個人的行為並不是完全受到外在因素的影響；在大多數的情境下，自己可以掌控自主權，可以決定如何應對。

但談話時試圖在「觀點」層次工作，並不容易影響對方；也就是說，用講道理的方式和對方交流，並不是好的方式，有時很可能因此遭致對方的抗拒。所以在觀點層次的提醒，我只是點到為止。

接著，我轉換到學生的「渴望」層次上工作；渴望，是每個人內心深層共有的部分。例如，每個人都渴望和他人有情感連結，渴望被看見、被接納、被認同，也渴望自己是自由的、有選擇的，更渴望自己的存在是有價值的，渴望自己做的事是有意義的。**在渴望層次工作，通常很容易觸動對方的內在，和對方產生連結，也比較能夠影響對方。**

因此，當我對處在困難中的學生表達真誠欣賞和正向好奇時，學生通常會被觸動，緊繃的神情往往變得柔和許多，也會比較願意和我持續對話，回答我的問題。

老師　小瑞，老師還有一些話想對你說，我覺得你很勇敢。你還不知道我要怎麼處罰，怎麼就願意對我承認做錯事了？

小瑞　（開始掉下眼淚）因為我做錯了，本來就要認錯，也要自己承擔。

老師　嗯，小瑞，說說看在那堂課裡，自己哪些地方做得還不錯？（我希望他可以看見自己的價值）

（小瑞搖搖頭）

老師　小瑞，那麼你願意聽聽老師的觀察嗎？

（小瑞點點頭）

老師　小瑞，那堂課，雖然你的吵鬧影響到老師上課，可是當任課老師要你站起來時，你有沒有配合？

（小瑞點頭）

老師　這表示你是一個懂得尊重老師的學生啊。而且當你願意站起來，你的內心有沒有覺得自己做錯呢？

（小瑞又點頭）

老師　這表示你是一個懂得反省的人啊。對嗎？

（小瑞湧出更多淚水）

老師　小瑞，老師很欣賞你。雖然你覺得委屈，但仍然這麼勇敢認錯，又願意反省，真的不簡單！

直到最後，我才告知頻頻拭淚的小瑞我的處罰是什麼，他很平靜的接受了。任課老師後來也告訴我他不會真的將小瑞記過，這件事算告了一段落。

上述這一段師生對話，是正向好奇的對話實例。以下用另一個實際情境讓大家思索與練習，如果是你，會如何和學生對話呢？

了解學生，靠近學生

國一的小碩和阿風打架。了解事情經過後，發現原來是阿風去拉小碩的頭髮，嘲笑他頭髮很少。

我好奇問小碩：「小碩啊，你以前被人嘲笑時，也會用打架的方式處理嗎？」小碩回答：「有時候不會。」

老師　有時候不會，可以舉例嗎？

小碩　上個星期表弟來我家玩，他一直找我麻煩，不管我做什麼，他不斷罵我白癡，我忍耐了很多次，最後才打他。

如果你的學生或孩子這樣回話，你會如何對他正向好奇呢？在往下閱讀之前，不妨先闔上書，花幾分鐘想一想。

你有想到如何對小碩正向好奇了嗎？幾年前，還不知道如何正向好奇的我，很可能會這麼說：「你最後還不是打表弟了，講那麼多幹什麼？」如果我真的這麼回應小碩，不難想像小碩會保持沉默，完全不想和我談話。

幸好現在的我深感正向好奇的強大力量，也學會如何**正向好奇，也就是能看到對方在困境中的堅持與努力，也引導他看見自己克服難關的資源**。

我問：「小碩，你怎麼願意忍耐這麼多次啊？」我引導小碩看到自己的克制力，而不是從結果來評價自己。聽到我的問話，小碩表情有了一些變化，眼眶漸漸紅了起來。小碩沉默了一會沒有回答我，於是我再問：「後來呢？」

小碩　後來爸爸、媽媽、姑姑、姑丈對我說，不可以動手，用說的就好。

老師　嗯，小碩，聽到大人對你說這些話，有什麼感覺？會感到生氣、委屈或難過嗎？

小碩　委屈和難過。

老師　怎麼說？

小碩　因為我已經提醒表弟很多次，他還是一直罵、一直罵，而且大人都沒有管表弟。

老師　小碩，老師知道你委屈和難過。那麼你打了表弟後，心情有比較好嗎？

小碩　沒有。

老師　怎麼說？你有什麼感覺？

小碩　很難過。（這時，小碩的眼眶有些淚水）

老師　你有些眼淚，怎麼了？

小碩　因為我做錯事了。

老師　小碩，老師有點好奇，你說「做錯事」是什麼意思？

小碩　動手打人就是不對。

老師　這樣啊！只要先動手打人就是不對，你接受這個說法嗎？（我試著探索小碩的觀點）

（小碩搖頭了。原本含在眼眶的淚水再也止不住，大顆大顆的湧出）

老師　小碩，你的眼淚是什麼？是難過和委屈嗎？

（小碩點點頭，更多的淚水掉落）

老師　老師知道你難過和委屈。可不可以跟老師說說看，你的委屈和難過是什麼？

小碩　先動手打人，不見得錯，要看前因後果。

老師　小碩，你的意思是你已經忍耐表弟很多次了，但是他都沒有改變，你才打他的，是嗎？

說完這段話，我停頓下來看著小碩、陪伴著小碩。很平靜的看著他，讓他體驗一下那時候的難過和委屈。只見他頻頻拭淚。

老師　小碩，我有個好奇，表弟對你不禮貌，你怎麼這麼願意包容他啊？你給了他很多次機會，提醒他很多次，但怎麼對同學就直接動手呢？

小碩　老師，因為我們是好朋友。

老師　喔，因為是好朋友，所以你不想忍耐，想直接表達自己的情緒？

（小碩點頭）

老師　小碩，謝謝你這麼坦率和勇敢，當我第一時間問你和同學打架的事，你沒有閃躲，

很誠實的說明發生了什麼事。

我先肯定小碩正向的表現，連結他的渴望，讓他也看到自己具有坦率、勇敢和誠實的特質。

「有一次老師對你很嚴格，你對我說，只要我好好跟你說，你會慢慢注意和改變。後來我發現我提醒你的事，你真的有注意和改變了，對嗎？」我回饋過去和小碩的對話內容，肯定他的改變與自律，讓小碩感受到被老師重視的價值感。

「謝謝你對老師的提醒，讓我知道我不用這麼嚴格，只要好好溝通，你就能改變。事實上，那一天是我情緒失控，傷害了你。謝謝你願意原諒老師。」除了談小碩的事，我也真誠表達自己的歉意。

我繼續用深刻、緩慢的語調對小碩說：「老師和阿風一樣，我們都會做錯事或說錯話，希望你可以用言語提醒就好。你可以生氣，但不可以動手打人。因為生氣時，說的話或做的事都很容易傷害到別人，你同意嗎？就像我之前對你的傷害。」

「未來生氣時，你可以怎麼做，讓自己的情緒不會傷害到自己和別人呢？」我試著和學生討論了幾個方法後，才結束這段談話。

這次對話結束之後過了好幾個月，小碩始終遵守著當時和我的約定。當他遇到一些別人的挑激言行，不再輕易動手，會努力控制自己的情緒，或來找我協助。

回顧當時的對話，我忍不住想，要不是我學會正向好奇，小碩會願意讓我知道他在家中發生的事嗎？我又如何能夠真正了解學生的內心發生什麼事呢？

老師和學生談話，往往試著解決問題。但在解決問題之前，如果可以先了解學生，靠近他們的內在，看見他們即便處在困難裡依然努力向善的部分，學生或許會更願意和我們一起合作。

思考筆記

帶工作坊時，我們常帶著學員進行「心情紅綠燈」的活動，藉由紅綠燈的燈號反映當下的心情，引導學員學習覺察和接納內在情緒。

和學生談話時也可以運用紅綠燈的類比方式，教師可以根據綠、黃、紅三種情緒狀態來判斷學生當下的狀況，然後再決定如何談話。

綠燈狀態意指學生的情緒穩定平和，這時教師說道理並給予建議會比較有效果。

然而一旦學生忽然拋出「人為何要活著？」「讀書的意義是什麼？」「為何要上學？」等看似人生大哉問的問題，建議教師這時要能更細心注意觀察，通常會發現提問者的神情略帶落寞或抑鬱，這種情況就屬於黃燈狀態。學生的提問往往不是真的提問，而是另有隱情。

雖然此時學生情緒起伏不大，但教師這時若不察，仍然想講道理或直接給學生答案，很可能會失去和學生內在靠近的契機。這時不妨運用正向好奇的對話方式，關心學生怎麼會想問這些問題？最近發生了什麼事？以這類提問建立師生之間的連結。

至於紅燈狀態很容易辨識，像是失控抓狂、大吼大叫、痛哭失聲等，情緒起伏劇烈。在這種狀態中，最大的挑戰是教師自身的內在能否安頓，不被學生的情緒捲入而隨之起伏。

如果教師此刻能意識到學生情緒已經處於紅燈狀態，而立刻高度覺察自己的內在，並保持平和，然後以同理聆聽的技巧來陪伴，才可能安穩承接學生的情緒風暴，進而協助他們走出困境。

05

以關心取代糾正——以對話探索內在冰山

進成

正向好奇並不是完全不給對方任何建議，而是提醒我們在給出建議之前，先自問有沒有真正了解孩子遇到什麼困難？

在不了解孩子面臨什麼困難時，就貿然說出一些道理或提供建議，如同硬要將自己的眼鏡戴到對方的鼻梁上。

以下是一段很日常的夫妻對話——

先生對太太說：「今天我的心跳偶爾會不太規律。」

妻子立刻回應：「要不要去做檢查？」

先生欲言又止，結束對話。

這樣的對話你熟悉嗎？妻子建議丈夫去做檢查，有什麼不對嗎？先生為何因此不想再和妻子談這件事呢？

妻子究竟應該如何回應，才能讓先生覺得被關心，而願意多說一些內心的想法呢？

夫妻對話如此，親子對話或師生對話也經常如此。有沒有另一種對話方式，能夠提升對話的品質，增進彼此的連結呢？

只是一條線

我們常會陷在某種慣性思維裡而不自覺，無論人際關係或處世態度，有時會因為慣性思維而走入死胡同。若遇到「此路不通」的狀況，你通常如何應對呢？

有一次，學思達教室裡的電腦螢幕壞了，我陸陸續續去資訊組搬了三台舊螢幕來換，還是沒有用。最後自己花了幾千元買了全新的螢幕，結果沒幾天居然又開始變色，和前幾台一樣又要壞了。

我思考了一下，或許是電壓不穩？決定上網花更多錢購買不斷電系統來穩壓。下單後，又覺得不太對，決定上網查問相關資料。有人說是顯示卡的問題，確實也有人說是電壓不穩的問題。我自己則猜想，或許是分接器的問題？

沒料想，當我直接詢問資訊組組長後，她認為應該是ＶＧＡ線的問題，它的ＰＩＮ腳只要有一、兩處接觸不良就會如此。後來，她拿了一條全新的ＶＧＡ線給我，困擾了我很久的問題就解決了。

只是一條線，而且完全不用花錢。很多時候，並不是付出足夠的金錢和努力就能解決問題，而是找到真正的根源。但我的努力沒意義嗎？也不是這樣。這個歷程讓我有機會將自己放進一個問題當中，浸淫其中，不斷動腦思考與動手試誤。

我在解決問題的完整體驗中，經歷了提出假設、檢測假設、蒐集資料和進一步檢測的歷程，最終獲得系統思考的學習與省思。這段歷程不禁令我想起一位學生，阿力。

關心學生前，先安頓自我

某天，隔壁班導師提醒我，我們班有個學生和她們班學生發生衝突。

是阿力。阿力身材瘦弱，個性溫吞內向，總是安安靜靜的做著自己的事。但有時會被同學投訴喜歡無緣無故騷擾人，從國一到國二，我處理了幾次。這次是他第一次和別班同學發生狀況。

我的內心有些小小的波動，有些許煩躁。覺察到這股情緒後，我回到內在安住自己的心。直到內心比較穩妥後，才請阿力到導師辦公室談話。

等阿力坐下後，我先專注的看著他，再開始詢問：「隔壁班導師告訴我，你和她們班學生發生衝突，老師想知道發生了什麼事？」阿力低頭不語。

老師　阿力，老師需要給你一些時間想想嗎？

（阿力搖搖頭）

老師　還是你現在可以說？

（他點點頭）

老師　好，發生什麼事？

阿力用很細微、難以聽聞的聲音開口說話。

「阿力，老師有點困擾，我就在你面前，卻聽不到你說什麼，可以大聲一些嗎？」說出這些話後，我發現內在又出現了煩躁，不太耐煩。我停頓了下來，陪著自己內在出現的小我，同時也靜靜的看著一臉純真的阿力。

像阿力這樣屢次發生類似問題的學生，很容易令老師煩躁、動怒。因為每次談話後，學生總會一臉慚愧的說會改變，卻再三出現類似的狀況。一旦約學生來談話，學生又顯得受傷、無助，彷彿自己才是衝突事件的受害者。

面對這樣的學生，老師需要先安頓好自己的感受，照顧內在的小我，與學生對談時才能不受情緒影響，避免流露指責的姿態，阻礙師生之間的連結。

「阿力，我很關心你，我想知道昨天發生什麼事，希望你能誠實對我說，好嗎？」阿力這時看了看我，我回以溫暖的眼神。經過一番探索後，才了解阿力近來和隔壁班同學，持續發生一些衝突和打鬧。

探索核對，了解問題根源

我忽然產生一個好奇。

老師　阿力，聽起來你和這位同學的相處不是很愉快。但老師有個好奇，你喜歡你們之間的互動方式嗎？（我試著探索阿力對這些互動的觀點）

（阿力似乎沒有聽懂我的問題。過了一會才說：「還好。」）

老師　嗯！阿力，一到十分，一分是很不喜歡，十分是很喜歡，你對於你們之間的互動有多喜歡呢？你給幾分啊？（和學生談話，當學生不太能夠具體表達感受或想法時，我會習慣用量尺分數來核對，避免彼此的認知差異太大）

阿力　五分。

老師　阿力，原來你還滿喜歡的。

（阿力點點頭）

老師　是因為你很在乎這個朋友嗎？你擔心失去這個朋友嗎？阿力，你是不是很孤單？

（阿力忽然紅了眼眶，掉下眼淚）

老師　阿力，知道你很孤單，老師有點難過。阿力，你是不是想和他做朋友，只是你不知道怎麼做？

（阿力又點點頭）

阿力的回應終於讓我了解，他怎麼會持續做出相同的行為。屢次被同學抗議、被老師指責，卻仍重蹈錯誤的行為，原來是誤解了交友的方法。

沒有人會故意犯同樣的錯誤，除非明知故犯。但阿力不是明知故犯，因為他觀察到「好朋友」之間總是互相開玩笑或打打鬧鬧，於是誤以為只要對他想要成為朋友的對象，時常打鬧、開玩笑，他們就會是朋友了。

阿力倒因為果的交友方式，非但交不到朋友，反而讓他成為同學討厭的對象。

我了解阿力的困境後，不禁感到難過了起來。阿力是那麼的渴望獲得友情，即便每次嘗試「交友」的結果，都被同學排擠或老師處罰，他還是那麼熱切的以他所誤解的方式，努力與他人連結。

改變對話路徑，陪伴學生成長

阿力的眼眶很神奇，常常滿溢著淚水，但一下子又將淚水壓抑回去。我很好奇，但當下時間有限，未來有機會或許可以探索阿力對眼淚的看法。

「阿力，眼淚是很健康的，也是很正常的。」我溫和的看著阿力，慢慢說了這句話。

「阿力，老師給你一些建議。當你想要和對方交朋友時，不要用打的，也不要故意去鬧他，可以先簡單交談，例如問對方喜歡吃什麼？喜歡什麼運動？喜歡看什麼書或影片？你也可以分享自己的喜好。」一面聽著我的建議，阿力的眼眶不斷滿溢淚水，然後淚水又立刻消失不見，這神奇的過程不斷反覆，彷彿極力壓抑滿溢的情緒。

原來阿力感到孤單！好一段時間，我一直以為阿力在耍白目，沒想到阿力的問題竟是不知如何適當與同學互動。阿力打鬧同學時，常被同學反揍，而且被揍得很痛，他卻以為這就是「好朋友」。

我想起了國中時候的自己，其實也不太知道如何和人交朋友，只是我選擇了疏離。阿力很勇敢啊！至少他願意踏出這一步，試著用自己理解的方式交朋友。我也有些感慨，當阿力的導師這麼久，我一直在處理水平面以上的事件，沒有好好探索到阿力內在深層的問題。

很慶幸在這一次對話中，靈光一現，我換了路徑去好奇阿力怎麼了。談話後，我仍針對阿力的不當言行做了處罰。奇妙的是阿力面對處罰，不像以前那麼拖拖拉拉，而是約定時間一到就來找我勞動服務。

過了幾天，阿力還主動在聯絡簿上告訴我，他和對方關係改善了，現在比較可以好好相處。如果我沒學過冰山式的對話，阿力的行為可能還是會被我解讀為白目吧！只在行為上糾正，不但幫不上阿力的忙，反而加深了阿力的沮喪與挫折。

幸好我懂了冰山式的對話與好奇，當某個問話路徑行不通，我可以選擇轉換對話的方向和層次，對學生進行不同路徑的好奇。

如何讓學生打開內心？

對學生進行不同路徑的好奇，指的是在冰山各層次進行好奇的提問。例如好奇學生遇到某件事、某個困境、某個衝突的感受？好奇他如何看待當時做出這個行為的自己？對自己有什麼期待？對他人有什麼期待？父母對他的期待又是如何？他又如何看待父母對他的期待？除了進行正向好奇，也可以探索他的渴望，最後，幫助學生找到自己的價值與意義。

但好奇的對話又該如何進行，學生才會比較願意打開自己的內心？有哪些原則可以參考？

羅志仲老師根據李崇建老師的分享，將正向好奇的對話整理成「三不二沒有」口訣：

不說道理，不給答案，沒有為什麼，沒有目標導向。

不用「為什麼」來提問，目的在於避免「指責式的語態」。大部分的師長使用「為什麼」來提問時，往往不是對學生或孩子好奇，而是想提出質問或責罵，例如「為什麼沒寫功課？」「為什麼不趕快進教室？」「為什麼遲到？」「為什麼打人？」

這些問句只是「假好奇」，根本不給學生或孩子解釋的機會，只是要他們遵守你的要求。而這樣做的結果可想而知，明明我們很關心學生或孩子，但卻反而把他們推得更遠，失去連結。

除了「為什麼」，有些問句類型雖然沒有「為什麼」，但仍然帶有相同的負面效果，例如：「你說，我講過幾遍了，你怎麼還一犯再犯？」

沒有目標導向，是指對話時不要刻意帶著預設目標，因為每個人的深層內在便是渴望自由。我們都希望能自行選擇和決定，而不是被選擇和決定該怎麼做。

因此**進行對話時，老師或家長如果帶著解決問題的期待，很容易讓對方感到不舒服或心生抗拒。**

「二不二沒有」提醒對話主導者要注意的原則，提高對方願意深入對話的意願。此外，還有另外三個較積極的原則，是我們根據崇建老師的建議所做的歸納整理，這三個積極原則是關注對方（以人為主）、正向好奇與具體回溯。

在和阿力的對話中，我自始至終關注的焦點是阿力這個人，包括他如何看待友情，如何和別人互動，或遇到困難時如何處理，衝突發生時有什麼感受。

若是探問發生衝突時如何打架，對方打了你哪裡，甚至追問對方做了什麼事，或者應該為對方著想等等，這樣就不是關注阿力本人，而是追問事件，或者變成關心不在現場的第三者，這就違反了「關注對方」（以人為主）的原則，會讓當事人感覺不受重視。

正向好奇就是不帶預設立場的去好奇對方，例如我看見阿力在困難之中，努力想要改變的努力或堅持，好奇他這麼痛苦，怎麼還想和對方互動？進而看見他對友情的渴望。

至於具體回溯則是引導對方回溯衝突的當下，有什麼感受、觀點、期待與渴望，再透過正向好奇，協助他看見自己的資源，提升自我的生命力。

多數人對於自己的內在（感受、觀點、期待、渴望和生命力）欠缺連結，為了協助學生或談話的對象能和自己的內在更靠近，藉由更多細節的探索，可以讓對方較容易回到情境當中去體驗自己當時的感受、回想自己做過的判斷，或當時的想法。

另一方面之所以要回溯更早經驗，是因為我們每個人在當下的反應或行為，都是過往點點滴滴的累積。

例如阿力習慣透過打鬧來和他人互動，很可能是從國小開始的，這時我就可以問：何時發生的？什麼事讓你這麼生氣？當時發生了什麼事？以前也有人這麼對你嗎？協助阿力覺察自己的慣性，才有可能改變回應方式，避免陷入循環模式，造成更大的困境。

回到一開始的夫妻日常對話——

先生對太太說：「今天我的心跳偶爾會不太規律。」
妻子立刻回先生：「要不要去做檢查？」（給建議／答案）
先生欲言又止，結束對話。

如果妻子試著運用正向好奇的對話原則，換個方式對話呢？

先生對太太說：「今天我的心跳偶爾會不太規律。」
妻子詢問：「你會擔心嗎？」（從感受切入）
先生：「嗯，好像有一點。」
妻子：「今天才發生，還是之前也有過呢？」（關注對方／具體回溯）
先生：「其實今天早上，我做了一個很奇妙的夢，讓我想起童年的一些事。」

妻子：「喔，怎麼說？你想多說一點嗎？」（正向好奇）

先生開始了和妻子的深刻對話。

思考筆記

正向好奇並不是完全不給對方任何建議，而是提醒我們在給出建議之前，先自問有沒有真正了解孩子遇到什麼困難？

在不了解孩子面臨什麼困難時，就貿然說出一些道理或提供建議，如同硬要將自己的眼鏡戴到對方的鼻梁上。對方覺得眼前一片模糊時，還苦口婆心的勸告說：「用心戴、仔細看，你一定可以看得很清楚。」

我花了許多時間和金錢想解決電腦螢幕的問題，最後經過一番探索才發現只是一條VGA線的問題；那麼學生出現問題時，我們能不能也願意多點探索，去找到問題背後真正的根源？

如果師長對學生沒有真正的好奇，仍然用慣用的訓話來面對學生，可能只會讓學生在求學歷程，甚至未來的人生路途中，更辛苦的跌跌撞撞。

06

一到十分，你的滿意程度有幾分？——以量尺技術快速核對

琇芬

量尺技術可化繁為簡、化抽象為具體，主要適用在全班性的簡單探問；教師可用以快速核對學生的學習狀況，有效進行師生間的溝通與核對。

同時，以量尺技術探問時，學生會好奇其他人與自己相同或不同的原因，可間接營造討論氛圍。

在大學的課堂裡，早上第一堂課，學生向來姍姍來遲，開學第一週，準時出席的人數更如鳳毛麟角。

「第一堂課，老師通常只會說明課程目標與教學進度吧！」大學生開學前的話題，少不了這類無心上課的推拖之辭，然後安心地睡到自然醒。

回顧自己大學時期不也常存僥倖之心，將開學第一個星期視為「暖身期」，慢慢調理

失序的作息，好適應接下來十八週不變的循環課程。

成為老師以後，何嘗擺脫開學前的焦慮心態？原因並非倦怠，而是擔憂如何應對人在課堂坐、心似野鶴飛的學生。

一到十分，第一堂課我的憂心程度有六分。

運用量尺技術，化抽象為具體

一到十分，你「投入／喜歡／討厭／著迷」的程度有幾分？這種提問的方法有個名稱叫「量尺技術」。

量尺技術原使用於心理諮商，有助於諮商師和個案晤談時，將複雜的問題化繁為簡，使抽象、模糊的感受變得更具體明白。透過量化的方式，協助彼此更實際合理的推測內在狀況或情緒反應，以獲得審視或評估。

在李崇建老師和羅志仲老師的工作坊中，常聽見他們於對話中使用量尺技術，所以我在教學時也試著以這個方法向學生提問，效果相當良好。

開學第一週，除了說明課程目標與教學進度，我還是會將兩堂課上好上滿，不僅讓學生了解課程內容與授課風格，更希望能多和學生互動，建立師生關係。

既然期待和諧充實的課堂氛圍，備課自然特別用心；正因特別用心，一進教室看到學生零星散坐於課堂中，熱情不免下降，憂心徐徐浮現。

在「現代小說賞析與習作」這門課上，為了提升學習動機，我運用一款線上小遊戲作為開場。

這款遊戲中玩家的角色為船夫，任務是將羊、甘藍菜和狼平安的載運到對岸。遊戲規則很簡單，船夫一次只能載送一項貨品，如果沒有船夫在場，羊會吃甘藍菜，狼會吃羊。所以如何將三者順利運送，考驗玩家的邏輯能力。

一開始，由我操作滑鼠，邀請全班自由提供意見，但學生的參與意願似乎不高，只聽見零零星星的聲音。

怎麼回事呢？我已經祭出「遊戲」的法寶，學生怎麼這麼不賞臉，部分學生一副意興闌珊的樣子，甚至有人從頭到尾都沒有抬起頭來。

難道這款遊戲太簡單，讓學生覺得幼稚？我沉住氣，帶領全班完成這一款小遊戲，內心希望下一款難度較高的遊戲，可以引發學生的好奇。

第二款遊戲，同樣是渡河的模式，只不過角色變成三名傳教士和三名土著。傳教士和土著都會划船，但渡河的船只有一艘，而且一次最多只能乘坐兩人。若同一個地方，土著比傳教士的人數還多，土著就會吃掉傳教士。

備課時，這款遊戲我可是玩了幾回才過關，學生應該會覺得比上一款遊戲具有挑戰性吧！我繼續在數位講桌前操作滑鼠，邀請學生自由提供意見。

然而我的內心有些浮躁，語氣有些急促，態度顯然也透露著指責的意味。觀察力敏銳的學生已然嗅聞出我的氣惱，抬起頭看著我，似乎極力想要參與，卻又摸不著遊戲的頭緒。

慢慢地，課堂氣氛變得凝重，連狀況外的學生也紛紛屏氣，張望現場的動靜。

以往，我馬上在內心責備起學生；這天，我停頓了一會兒，先覺察自己的內在，緩緩地深呼吸，接著開口：「一到十分，你投入這個活動的程度有幾分？」

全班投入程度超過五分的人寥寥可數；剛好五分的人有七、八位；甚至有些人投入程度只有一分。

學生的反應比我預期的冷淡，我的內心因而上演著各種小劇場，揣測他們的想法，自己的信心逐漸滑落。覺察到自己當下有失落、煩躁、無力等信心低落的感受，慢慢地深呼吸幾次後，我決定離開講桌，換個方式進行活動。

我需要核對學生的學習狀況，而不是擅自詮釋眼前所看到的一切。

透過核對，避免誤解

核對是對話非常重要的歷程。每個人對於客觀現象都會有個人主觀的理解與判斷，也就是自我投射。例如，看到對方投以微笑，樂觀的人會認為這是善意而欣賞的笑容，悲觀的人可能會懷疑這是輕視的嘲笑。

因此若沒有直接與對方核對，我們所看到的、感受到的、理解到的，都只是反映了個人內在的想法。

於是，我向全班邀請自願上台玩遊戲的人。在一片靜默中，向來願意在這類情境下排解尷尬的小勛主動舉手，在全班的掌聲下走到台前，獨自挑戰這款遊戲。

只見小勛在電腦前思考片刻後，移動滑鼠認真的進行選擇，中途差點失敗，又再次重新挑戰。第二次終於成功，全班同學立即給予掌聲。

我不禁好奇的詢問：「這一次由小勛上台挑戰，你投入的程度比剛才還高的請舉手。」全班幾乎都舉手了。

到底發生什麼事了？由我帶領學生一同闖關，和觀看小勛獨自挑戰遊戲，學生投入的反應怎麼差這麼多呢？

我邀請學生說說看，「由老師帶領」和「觀看小勛挑戰」這兩種狀況有何不同？學生的回應令我有些意外。「老師帶領時，就算我們不會，老師應該也會說出答案吧！」「就算我不提出意見，其他同學也會提出來。」「反正這麼多人，我等著看就可以了。」「我搞不清楚遊戲規則……」

原來如此啊！若沒有經過核對，我可能會責怪學生，抱怨他們辜負我備課的用心；甚至可能會認為學生不喜歡我，冷漠的反應是針對我而來。

我難以理解換成「觀看小勛挑戰」，怎麼投入的程度反而比較高？他們回答：「因為替他感到緊張，希望他可以破關。」「看他闖關時，也可以想一想如果是自己會怎麼選擇。」「看別人闖關，覺得很好玩。」

如果我當時沒有決定改變方式，邀請一位學生獨自闖關，就不會發現「由老師帶領」和「觀看同學挑戰」，竟是兩種不同情境。

但是，我怎麼會突然迸出邀請學生獨自闖關的想法呢？當下，我自己也不明白這個想法怎麼來的，事後回想，應是近幾年用心於情境教學的設計，所以敏銳度提高了；更可能是學習薩提爾模式後，內心平靜，臨機應變的能力也提升了。

薩提爾成長模式有四大目標，分別是：提升自我價值、協助增加選擇、協助自我負責、促進一致和諧。剛開始接觸薩提爾理論時，只覺得這一些都是「口號」，慢慢的這四大目標成了我的座右銘，時時在內心自我檢視與提醒。

正向好奇，真誠關注

從前文提到的課堂來說，進教室前我對於自己的課程充滿自信，可是看到零星的到課情況、陸續進教室的學生，以及被動的學習態度，我的自我價值感一下子就滑落了。

自信低落，就會出現責怪他人的反應，把自己視為受害者，將內心的負面情緒推諉到學生的課堂反應。於是固著的依照備課流程繼續授課，使得教學成為教師單方講述。

直到我願意覺察內在，承認自己出現許多負面情緒，也允許自己可以有這些負面情緒後，我覺得輕鬆許多。透過緩慢的呼吸，讓交感神經不那麼活躍，使副交感神經發揮作用，情緒逐漸緩和。

從醫學角度而言，呼吸能調節自律神經，吸氣時交感神經較活絡，呼氣時換副交感神經占優勢。從自我覺察的角度來看，有意識的淺吸慢呼，產生讓自己停頓下來的提醒作用。

於是我重新欣賞自己的努力與用心，心態恢復平靜與自信，這是薩提爾成長模式的第一日標「提升自我價值」。價值感提升後，我跳脫情緒的控制，想出變通方式，這便是薩提爾成長模式的第二目標「協助增加選擇」，使自己臨機應變的能力提升。

選擇有了彈性，就不會再以「受害者思維」來評價自己與他人，這是第三目標「協助自己負責」。我可以接受目前課堂的狀況，把期待值歸零，並且繼續進行課程。

最後，我問小勛：「一到十分，你投入的程度有幾分？」各位讀者，你認為呢？沒錯！小勛回答「十分」。

我問其他學生：「你們認為小勛在闖關時，全然投入的原因是什麼？」

「他自己一個人坐在電腦前，空間小（不受干擾），精神集中。」「因為要設法闖關，得動腦思考。」「全班同學都在看他闖關，所以有壓力。」「因為必須獨自完成。」原來學生都明白啊！

此時，全班都很好奇小勛專注投入學習的原因是否與自己想像的一樣，所以我請他說明獨自闖關時的感受與想法。

小勛搔搔頭，有些害羞的說：「老師帶領大家闖關時，我在底下也跟著動腦筋，只是當老師提問時，我不好意思發表意見。後來老師問誰願意上台試試，我還滿想挑戰看看，就馬上舉手了。沒想到坐在電腦前，和坐在下面很不一樣。一開始我有點緊張，腦中一片空白，後來深呼吸幾口氣，開始專注思考渡河的順序。雖然差一點失敗，但是重新再來一次時，腦子就更清楚了。當下我完全忘了同學都在看我闖關，而是全然投入，所以才說自己的投入程度有十分。」

小勛說完他的想法，全班立即報以熱烈的掌聲。

與學生對話的過程中，我沒有給答案，沒有說道理，沒有刻意引導，注意不使用「為什麼」作為問句（參見本書頁三〇四），全程只是對學生的反應進行正向好奇，詢問他們的想法與感受。當學生感受到老師沒有指責，而且關心他們的學習歷程時，也會願意真誠的回應心裡的想法，自然而然專注參與課程。

正向的好奇，建立在關注對方的想法與感受，而不是一味表達觀點，期待對方能接受建議。當對方覺得受到關注與重視時，也會認為自己的表達是有價值的，因而能夠沒有擔心或害怕的欣然回應提問。我認為這已趨近薩提爾模式的第四目標「促進（彼此的）一致和諧」。

學生在體驗與反思中所想出的答案，不僅讓我感到意外，也消解了我的偏見。他們投入思考與回答時，眼神閃耀著靈動的光彩，神情也顯露出明亮的朝氣。

經過這段提問、思考與表達的體驗後，不僅師生之間縱向的問答開始熱絡，同學之間橫向的討論、觀摩與聆聽，亦皆顯得積極。

一到十分，我對這堂課的滿意程度有幾分？

十分！

思考筆記

通常，樂於表達的學生，不需要運用量尺技術予以探問。量尺技術主要適用在全班性的簡單探問，教師可用以快速核對學生的學習狀況。

例如在課堂中，如果觀察到學生精神狀況不佳，可以探問投入學習的程度，核對學生的投入情況，再探索學生對課堂的感受及想法，有助於教師微調授課內容或方式。

若有學生經常在課堂上睡覺或做其他的事，則可在下課時核對學生對於這堂課的感受，例如「喜歡／討厭」的程度，有了粗略的了解後，再探索學生的想法，有助於教師掌握學習情況。

若學生經常性曠課，教師可以核對學生學習意願的程度，若低於五分，可探詢原因以協助該生適應課堂，或者提供該生合適的學習及評量方式。

此外，量尺技術亦可轉化在作品的評論方面，例如「作者觀點」、「文字風格」、「小說角色行為」、「藝術審美」等等，可以先運用量尺技術，探問學生個人的喜好程度，再分別探索及核對原因。

例如看完一部短片，想了解學生對於某個角色的感受，可以問「一到十分，你喜歡某個角色的程度有幾分？」然後根據學生的評分詢問理由。欣賞一幅畫時，可以問「一到十分，你對這幅畫著迷的分數有幾分？」這是一種反映個人理解或感受的方式，並不表示對客觀事實的評價。

以量尺技術探問時，學生會好奇其他人與自己相同或不同的原因，可間接營造討論氛圍。自從了解量尺技術的方法後，我在師生互動或文本討論的時候適度使用，常能有效進行彼此的溝通與核對。

但量尺技術只是一種互動方式而非萬靈丹，若遇到學生不配合，或者回答的內容天馬行空，此時便考驗著教師臨機應對的能力。因此任何互動式的教學現場，教師得先安頓自己的內在，才能從容的回應各種意想不到的狀況。

07

對治拖延症的解方——以薩提爾對話引導寫作

琇芬

學生在課業上的拖延，經常不是「懶惰」而是「不會」，不是「沒興趣」而是「缺乏引導」；所以對治拖延的較佳方法，不是督促而是陪伴。

我希望學生能在課堂寫作，除了能夠杜絕抄襲，更重要的是陪伴，並藉由對話，關心學生的感受，好奇他們的想法，從而協助他們發掘生活中的意義。

「接下來包含下課，各位有八十分鐘的寫作時間，請好好把握！」才剛宣布，立即有部分學生發出驚愕的聲音。

期限，是很神奇的拖延症解方。

因為有交卷期限，所有學生無不摒除雜思，專心投入，拋掉鬆散的習慣，擠壓出新鮮的寫作材料。

讓學生在課堂中「限時寫作」，除了避免抄襲的弊端，也能培養學生靜心專注的習性。

TED最受歡迎的演講者之一提姆・厄本（Tim Urban），曾發表「拖延大師的腦子在想什麼」（Inside the mind of a master procrastinator）短講*，以「理性決策者」、「及時行樂猴」和「恐慌怪獸」三個角色，鮮活地闡釋了「拖延現象」。

他認為拖延的現象有兩種，分別是「有期限」和「沒期限」。

日常生活中，及時行樂猴是生命之船的舵手，哪裡有樂子便往哪裡去，恐慌怪獸是及時行樂猴的剋星，平日裡恐慌怪獸埋頭沉睡，及時行樂猴為所欲為，直到恐慌怪獸被期限壓力喚醒。及時行樂猴嚇得不見蹤影，理性決策者才在手忙腳亂中重掌船舵，趕赴任務。

有限時間中所完成的任務，品質當然不佳，但求精求好的前提，便是得先完成任務的雛形。萬事起頭難，所以在課堂書寫的期限下，學生的恐慌怪獸紛紛跳出來哀號，及時行

＊TED演講：「拖延大師的腦子在想什麼」
https://bit.ly/2tiMmjY

樂猴受到驚嚇銷聲匿跡，理性決策者終於可以端坐書桌前，振筆疾書。

生活裡的每一件事都有意義

「童年印象最深刻的事」，這是我指定的寫作方向。為協助學生激發靈感，先引導學生以繪畫的方式勾勒回憶的線條，再根據繪畫的內容，轉化為文字創作。

我請學生回想童年一個具體的事件，以四格漫畫的方式呈現，畫出完整的過程，不說道理，不談觀點，只著重在視覺、聽覺、嗅覺、味覺和觸覺五種感官感受，並以「心覺」留下餘韻。

學生動筆前，我先解說三篇示範作品，隨後在繳交習作的期限壓力下，大部分學生很快就找到靈感，書寫聲沙沙作響。但仍有幾位學生表現出發呆或苦思的模樣。

我在座位間巡視，逐一和未能下筆的學生核對原因。

「老師，我沒有童年。」小樂露出為難的表情，雙手抓頭，煩惱得不得了。

「怎麼會沒有童年呢？」我笑著回問。

「我想不起童年有什麼印象深刻的事啊！」

哦，原來是卡在「印象深刻」這項條件啊！

原以為「印象深刻」的設定，可以讓學生抓到一個畫面，浮現一段往事，沒想到「印象深刻」成了「標準」。小樂認為他想到的，都不夠「深刻」。我試著問他：「小樂，假日的時候，爸媽有帶你去哪裡嗎？」

小樂　沒有啊！假日他們都睡得很晚，很少出去。

老師　這樣啊！你也和他們一樣睡得很晚嗎？

小樂　沒有，我都比他們早起。

老師　你比他們早起啊！起床後，爸媽還在睡覺，那小樂怎麼辦？

小樂　我記得，還沒上小學的時候，我睡在爸媽中間，常被他們擠來擠去。醒來後，我就從棉被底下鑽過去，從床尾爬出來。

老師　哇！好有畫面感。從床尾鑽出來後，小樂做了什麼事？

小樂　我就去客廳啊！

老師　去客廳做什麼？

學生有點遲疑，猶豫著該不該說。

我微笑地鼓勵他：「說說看，去客廳做了什麼？看電視嗎？」「不是。……是打『魔獸』。」小樂似乎覺得這不是件好事，神色顯得有些尷尬。

老師　**打「魔獸」啊！幼兒園就會打「魔獸」，好厲害啊！**（我的語態裡沒有調侃，小樂也感受到我正向的好奇）

小樂　哈哈，還好啦！因為很好玩，所以起床後就一直打，打到爸媽起床為止。

老師　**爸媽起床後，看到你打「魔獸」，有什麼反應？有責罵你嗎？**

小樂　沒有，爸爸就過來和我一起打（小樂笑得很開心）。

老師　**爸爸陪你一起打啊！你們的感情很好嗎？**

小樂　哈哈，還好啦！

老師　**小樂，我覺得你可以把這個事件畫成四格漫畫。**

小樂　真的嗎？

老師　**真的啊！第一格畫「你和爸媽一起睡，你睡在中間感覺很擠的樣子」，第二格畫「你醒來後從床尾鑽出來」，第三格畫「你到客廳打魔獸」，第四格畫「爸爸陪你一**

起打魔獸」。

小樂　這件事真的可以寫嗎？

老師　是啊！你現在回想小時候爸媽陪你打魔獸，有什麼感覺？

小樂　沒什麼感覺啊！

老師　爸媽和你一起玩，你覺得開心嗎？

小樂　開心啊！

老師　還有什麼感覺嗎？

小樂　嗯……想不出來。

老師　爸媽沒有責罵你，反而陪你一起玩，你喜歡嗎？

小樂　喜歡啊！

老師　還有呢？

小樂　好像很幸福的樣子。

老師　你覺得很幸福啊！

小樂　嗯……老師這麼一說，我好像覺得爸媽很疼我，我知道要怎麼寫了。

老師　這樣啊！太好了。小樂，老師期待看到你的文章。

在平淡中發掘幸福與美好

輔導完一位苦思的學生，我繼續在課堂中巡走，又看到阿梁神情放空的甩筆。「阿梁，怎麼了？還在找靈感嗎？」

「老師，好難啊！我想不出來。我沒有童年……」怎麼又是一個覺得自己沒有童年的孩子？當我們回想過往，重大的事件自然印象深刻，但人生沒那麼多重大的事，重大的事發生太多也不好。

然而，我們如何看待日常的小事呢？日常就不值得提？小事就沒有意義嗎？意義，是自己賦予的。但要賦予意義，得先能「看得到」生活中的點滴。

老師　阿梁，你小時候都做些什麼事？

阿梁　沒有做什麼，都在學校啊！

老師　那阿梁放學後，都做些什麼事？

阿梁　去補習班啊！

老師　去補習班啊！幾點回到家？

阿梁　大概八、九點吧！

老師　回家後做了些什麼事？

阿梁　就洗澡、睡覺啊！偶爾吃吃消夜。

老師　吃消夜啊！吃些什麼呢？

阿梁　有時候去便利商店，有時候去買鹹酥雞，有時候媽媽會幫我煮麵。

老師　媽媽會幫你煮麵啊！

阿梁　是啊！

老師　阿梁，老師覺得你可以把剛才說的事寫成文章。

阿梁　怎麼可能！這樣也可以寫喔？

老師　當然啊！你的四格漫畫，第一格畫「放學時，背著沉重的書包走出校門口」，第二格畫「背著沉重的書包，走入補習班」，第三格畫「背著沉重的書包，在黑暗中走進家門」，第四格畫「餐桌上一碗熱騰騰的麵」。

阿梁　老師，我懂了。你希望我在無趣的童年生活裡，看到媽媽對我的關心，是嗎？

老師　哇！你好聰明，馬上明白老師的意思。

阿梁　謝謝老師，我知道該怎麼寫了。

每個人都經歷過童年時期，為何學生會認為自己沒有童年呢？童年非得是美好的、天真的、幸福的嗎？什麼是深刻？深刻非得是正向才算嗎？

陪伴過往孤獨的自己

小漢很快寫完習作，我快速瞄了一眼，四格漫畫畫得還不錯，但文字只寫了四、五行。徵得小漢的同意，我拿起來看，內容讓我有些驚訝，描述的是家人對他的言語暴力。

老師　小漢，你的漫畫很有感染力，不過文字的描寫有些簡略，可以多寫一些嗎？

小漢　反正小時候爸爸只會罵我，我不想多寫。（回答的口吻有些敷衍）

老師　爸爸罵你啊！爸爸罵你的時候，小漢就像畫裡一樣，站著聽他罵嗎？

小漢　對啊！不然呢？

老師　這樣啊！爸爸罵完後，你怎麼辦？

小漢　我就出去啊！

老師　你離開家嗎？

小漢　是啊！他把我趕出去啊！

老師　把你趕出去！小漢，老師聽你這麼說，很難過。

（學生沒有再說什麼，但眼淚流了下來）

老師　你願意和老師聊聊嗎？

小漢　不用了，讓我安靜一下就好。

老師　你想靜一靜啊！那老師先離開，好嗎？

小漢點了點頭，我讓他沉澱一下情緒。我繼續巡視學生的寫作情形，但也默默關注著小漢的情況，發現他仍在落淚，因而繞了一圈，還是回去關心他。

老師　小漢，你還好嗎？

小漢微微抬起頭，眼裡都是淚水。我彎腰靠近他，低聲問：「你願意和老師聊聊嗎？」

小漢這次點頭了。

老師　**老師很難過，這個題目引發你傷心的回憶。**

（小漢擦了擦滑下的淚水，抿著嘴沒說話）

老師　**老師看了你的畫，也看到了你童年的悲傷。你很會畫圖呢！**

小漢　還好啦！

老師　**雖然才半學期不到，但老師發現你很會照顧別人的情緒。**

小漢　喔！有嗎？

老師　**有啊！每次老師問你問題，你都願意試著回答，而不是輕易說不知道。**

（小漢靦腆的抿著嘴）

老師　**你記得什麼時候開始，就很照顧別人的情緒？**

小漢　（想了一會兒）高中的時候吧！

老師　**高中啊！發生了什麼事，你想要照顧別人的情緒呢？**

小漢　那時候交了一個好朋友。

老師　**喔！你和這個朋友平常做些什麼事？**

小漢　我們會一起聊遊戲、玩遊戲。

老師　**一起玩網路遊戲時，你有什麼感覺？**

小漢：很開心啊！

老師：還有其他的感覺嗎？可不可以多說一些？

小漢：嗯……（他伏在桌面，雙手握成拳頭，抵著下顎，沉思了一會兒）覺得很輕鬆，把煩人的事都忘了。

老師：是因為玩遊戲覺得輕鬆，還是因為和好朋友一起玩，才能把煩人的事都忘掉？

小漢：當然是因為和好朋友一起玩啊！一個人玩遊戲，有時會覺得很空虛。

老師：所以，這位朋友對小漢很重要。

小漢：嗯！

老師：小漢可以回想和好朋友一起玩遊戲的時光嗎？

小漢：嗯！

老師：小漢，也可以和小時候的自己成為好朋友嗎？像和好朋友一起玩遊戲的時候一樣，陪陪小時候的自己嗎？

小漢：嗯！（他的眼神移向自己畫的四格漫畫，若有所思）

老師：如果小漢願意的話，要不要試著在學習單上，對小時候的自己說說話呢？

（小漢沒有回應，眼神仍繼續看著四格漫畫）

老師　老師要再去看看其他同學寫作的情況，小漢可以自己思考一下嗎？

小漢　嗯！（他的下顎仍靠著拳頭，但微微點了點頭）

我起身繼續在座位間行走，觀察學生的寫作情況。沒過多久，便看到小漢提起筆，開始書寫。

以陪伴代替督促，以對話發掘意義

行文至此，這堂課似乎要結束了，文章也到了尾聲。敏銳的讀者或許已察覺到，文章開頭曾提及提姆．厄本（Tim Urban）所說的拖延行為，不是有兩種嗎？除了「有期限」的拖延情況，還有「沒期限」的拖延情況。

什麼是「沒期限」的拖延現象呢？例如健康、創業、家庭聚會、情感經營等等，這些都是很重要但不緊急的事。

日常生活中這些「沒期限」的事，經常被很重要也很緊急的事所耽擱，甚至被不重要也不緊急的事所取代，非得等到健康亮起紅燈才積極運動養生，等到年老體衰才追憶年少滿腔壯志，等到家人疏離或病弱才急於彌補親情，或等到伴侶感情生變才悔不當初。

因為沒有期限的壓力，不只「恐慌怪獸」在內心深處沉睡，「理性決策者」也陷於迷茫狀態，「及時行樂猴」儼然成了生命之船的舵主。

直到生命之船撞上內在冰山，「恐慌怪獸」被搖醒，「及時行樂猴」嚇得不見蹤影，「理性決策者」才悠悠嘆了口氣，回到船舵前修正人生方向。

八十分鐘過去，大部分的學生都完成了。這時我才向全班說：「寫完的交給我，這星期就可以輕鬆了；沒寫完的帶回去完成，下星期上課時補交。」

聽完我的宣布，沒寫完的學生立刻露出微笑，放下筆，甩甩因為握筆而僵硬的手腕，鬆了一口氣的樣子。

我問學生：「如果一開始就說沒寫完可以下週再交，你們會認真寫嗎？」學生們都笑著搖了搖頭。

期限壓力，效果真是神奇啊！

引導學生寫作時，最困難的是學生對生活無感。網路已經成為學生第二個世界，甚至是主要的關注空間，在那裡有無限個任意門，看似含藏無限可能。因而在現實生活中，學生經常守在電腦或手機前面。

學生對網路世界的關心，讓他們忽略生活中的人際互動，網路上的聲光刺激吸引了他們的目光，不易在平凡的日常生活中看見事物的動人之處。

教師經由正向好奇，探索學生的日常生活，協助他們看到每一件事情都有動人之處，都有值得用心體會的意義。即使只是全家在假日一同打網遊，都能在其中覺察家人互動的親情溫暖。即便在日復一日的課後安親班歲月裡，也能體會到雙親的關懷，看到他們為生活忙碌時特別付出的心意。

學生在課業上的拖延，經常不是「懶惰」而是「不會」，不是「沒興趣」而是「缺乏引導」；所以對治拖延的有效方法，不是督促而是陪伴。

寫作是國文的重要學習，有些教師認為在課堂上寫作會占用上課時間，耽誤授課進度。幸好我在大學教書，沒有統一進度的壓力。

因此我希望學生能在課堂寫作，除了能夠杜絕抄襲的問題，不用為了懷疑學生是否親自寫作而傷神；更重要的是**陪伴學生寫作，營造全體同共完成一件事的氛圍，並引導對於寫作感到困難的學生。**

寫作是自我剖析的歷程，無論任何題目，都可能引發部分學生生命中的負面經驗。過往我很擔心遇到這樣的狀況，現在我可以藉由對話，關心學生的感受，好奇他們的想法，從而協助他們發掘生活中的意義；更重要的是經由文字與自己對話，並於挫折中發掘意義。

一百分鐘的課堂時間中，二十分鐘向全班說明寫作方向，剩下的八十分鐘，不只是學生專注的書寫，教師同時在這八十分鐘的時間裡，進行個別的書寫引導。

大部分學生都能在當天交出文章，選擇帶回去寫的通常不超過十人。帶回去寫的學生，並非是那些在課堂上嚷嚷著不會寫的學生，反而是求好心切的人。

不過，儘管這些學生求好心切，依人性的拖延習性來看，他們的「恐慌怪獸」什麼時候會甦醒呢？或許直到交作業的前一晚，才會醒來大叫吧！

思考筆記

薩提爾對話模式中，有一個「具體回溯」原則。

在寫作教學時，我運用具體回溯的原則，引導學生召喚童年回憶。例如：協助學生回想與主題相關的生活經驗，從年紀、季節、地點喚起畫面感。當時和誰在一起，說了什麼話，聯想起當下的感覺與想法，重新詮釋這段回憶對自己的正向影響，再賦予這段回憶積極的意義。

人生活在具象的時空裡，但得用抽象的思維來理解並創造自己的價值。這堂課，讓學生從四格漫畫開始，用圖像作為回憶的媒介，再轉化為文字。

圖像階段不僅可以將凌亂的回憶具象化，也可以經由起、承、轉、合的四格架構，協助學生草擬文章結構。

拿出一張紙，你也可以開始畫童年的四格漫畫，寫出自己的童年故事。

08

看見孩子的亮點——從感受切入，連結渴望

進成

你相信我吧！雖然我跟你一樣害怕，
但我們可以一起尋找答案。

——歌手鄭宜農

以往和學生的談話，我只懂得訓話，從來不知道「真誠聆聽」的重要。在和學生的多次對話經驗後，我發現真誠的聆聽可以連結對方的渴望。

日本導演是枝裕和的作品《小偷家族》，獲得二〇一八年坎城影展最佳影片「金棕櫚獎」，電影中有個橋段讓我感動不已。

《小偷家族》收留了一位五歲左右的小女孩，家族中有一位小男孩，沒比小女孩大幾歲。兩個小孩雖然沒有血緣關係，但哥哥為了讓新加入的妹妹可以在家族有一個位置，於

是開始訓練她偷東西。

哥哥帶妹妹到他經常偷竊得手的社區雜貨店「實習」。有一天終於輪到妹妹上場了，順利得手的妹妹走出店外，在門口等待掩護他的哥哥出來。哥哥神情從容正要踏出店門的那一刻，忽然被雜貨店的店主老伯伯喊住了。

老伯伯順手從架上拿了兩樣東西給哥哥，溫和地說：「這個送你們……還有，別讓你妹妹做這樣的事。」說完，隨即讓哥哥離開。

那一幕讓我淚流不止。忍不住好奇自己的眼淚。

我的眼淚是什麼呢？

在教學現場的我，能不能也有這樣的智慧，面對和處理學生的許多犯錯呢？當學生的表現無法滿足我的期待時，我又如何和自己期待落空的感受相處呢？我可以如何看待犯錯的學生呢？我能不能更寬容的看見犯錯的學生仍然有他閃閃發亮的地方？例如，他願意在我面前低頭反省啊！

我的眼淚是什麼呢？

或許是從小到大，當我犯錯時不論有心或無意，我獲得的都是難以承受的體罰和責罵。師長、父母龐大的斥責怒吼與體罰嚴懲，被藤條、皮帶、曬衣架、棍子痛打。

這一直是我不想當老師的主要理由。

我的成長記憶裡沒遇過溫暖的老師，倒是當我在課堂上提出問題或質疑時，一下課就被叫到導師室用藤條「教導」一番。被體罰的日子持續到國中畢業。往後的求學階段，只要可以和老師保持距離，我就盡可能遠離他們。

我的眼淚是什麼呢？

如今我終於更懂得什麼是薩提爾的冰山。我的眼淚是領悟的淚水，任課班學生也好，導師班學生也好，我總算可以有其他的選擇，我不用繼續走在慣性的道路上。

教師的情緒覺察

第一次體驗到薩提爾模式師生對話的情境，是在某年冬天寒流過境的日子裡。

在我任課的國二班有個學生恩恩（化名），一直是校內的頭痛人物，幸好他遇到一個很認真也很懂得青少年心理的導師。雖然恩恩有個這麼認真的導師，但他還是老在許多課堂上調皮搗蛋，任課老師常氣得破口大罵，甚至有時會直接叫恩恩去學務處或導師室罰站。

我的公民課一週有兩堂，恩恩卻很配合，很少讓我感到困擾。

就在那個寒流過境的日子裡，恩恩有些浮躁。在小組自學的時候，一直在轉筆和丟筆，只見他一次又一次把原子筆往上抛，然後不知是技巧不夠或有意如此，筆一次又一次的掉落在地板或桌面上，發出不太悅耳的噪音。

看著恩恩這樣的舉動，我覺察到自己的內在產生了一些情緒，幾次深呼吸平穩情緒後，我靠近學生語氣溫和堅定地說：「恩恩，不要再丟筆了，你這樣會影響我。」

恩恩立刻停止丟筆的動作，卻開始丟其他物品。剎那間我發現自己的內在湧出了更多的情緒，我試著再深呼吸幾次，覺得平和一些才開口說：「恩恩，不要再丟任何東西了，你這樣會影響我。」

恩恩瞄了我一眼後，停止了動作。不一會，他開始玩脖子上的圍巾，卻一再的打到身旁的同學。

我忽然止不住情緒，提高音量：「恩恩到後面罰站！」恩恩心不甘情不願的挪動椅子，走到教室後面罰站。

覺察到自己的情緒有些失控後，我刻意把自己的呼吸變得更慢、更深一些，同時，試著探索自己的冰山。我的內在發生什麼事了？我的情緒有哪些？我對恩恩剛剛的行為有何想法？我對他的期待是什麼？恩恩對我的期待又是什麼？我對自己的期待呢？

探索了一會，我有了一些好奇。恩恩平常不會這樣啊！那麼他發生什麼事呢？嗯，剛好下一堂我沒有課，所以想對恩恩多點好奇。

從感受展開對話

下課鐘響，我走向前，對恩恩說：「恩恩，我想和你談談，你有空嗎？」恩恩點頭。「請坐。」只要我找學生談話，我都會請學生坐下來，讓師生彼此好好說話，學生也會比較放鬆一些。

想請讀者一起思考，這時你會如何和恩恩對話呢？你對恩恩會有哪些好奇呢？不妨試著想好三句話或三個問題。想好了嗎？

決定和恩恩談話時，我已經安頓了自己的內在和情緒。我的身體是放鬆的、內心是平靜的，因為好奇著恩恩，心中浮現一些期待的感受，我刻意將語速放慢，降低音調，溫和的展開對話。

「恩恩，謝謝你願意留下來和老師談話。」

恩恩聽了我的話，沒什麼反應。我繼續說：「恩恩，老師剛剛這樣處罰你，你會不舒服嗎？」這樣的提問範例是羅志仲老師在工作坊的分享，讓我很受用。

李崇建老師提到對話時，經常提醒我們「從感受切入，連結渴望」，我一直不太明白怎麼做，直到參加了志仲老師的工作坊後，我才恍然大悟。

所以當學生上課做錯某件事而被我處罰時，下課對話的第一個問題，我會詢問「老師剛剛這樣做，你會不舒服嗎？」先關心學生的感受。

這時，學生的回應大抵有三類：

第一類的回答多半是「不會」或「沒有」。當學生回答沒有不舒服時，我會接著說：「老師這樣對你，沒有讓你不舒服啊！謝謝你讓我知道，因為我很關心你的感受。」

第二類的回答是沉默不語，或不想回答。在這種沉默的時刻，老師可以怎麼回應呢？就尊重學生的反應吧！但我仍然可以表達我對學生的關心，這時我會對學生說：「我知道你還不想說，但如果你願意對我說，我很願意聽你說，因為我很關心你。」

第三類的回答比較少見，少數學生勇敢表達他的不舒服或不開心。這一類的回答，對許多老師來說構成挑戰，那麼，老師該怎麼回應呢？

罵回去嗎？「你不舒服？我才不舒服咧！」但這樣的回應，往往又產生另一波衝突，無法與學生好好對話。

立刻向學生道歉嗎？如果教師在課堂上對違規學生的處罰合情合理，那麼老師因為學生的不舒服而道歉，反而變成討好。

那怎麼表達比較適當呢？第一時間可以先覺察自己的內在，是否因為學生的回應而受到衝擊？如果內在受到影響，先不要急著回應學生，而是專注心神回應自己的內在，靜靜的、緩慢的深呼吸，讓情緒安穩下來，關心自己就好。穩定後再開口回應學生：「謝謝你讓我知道你很不舒服，因為我很關心你的感受。」

上述歷程，重點在於**教師可以接納學生的各種情緒，但不代表教師也要認同學生不當的言行。**

透過以上的對話，可以讓學生了解個人情緒是可以自由表達的，只要這樣的情緒表達不傷害自己、不傷害他人就好。

情緒就是感受，它是每個人內在的一部分，是很自然的存在。一個人遇到壓力或困難，自然會出現負面情緒，這原本就是人類為了生存所發展出來的一種機制或本能。

刻意去壓抑或漠視情緒反應，反而更容易讓自己和身體失去連結，導致負面情緒對個人內在的影響更深遠，有害身心。否認負面情緒的存在，自然也會對師生關係的互動產生不好的影響。

透過問話，讓學生看見自己的負面情緒，老師也表達了對學生情緒的接納，這時負面情緒就可以比較明朗，也就是經由語言文字的表達，其效力或影響就會自然的減輕了。同時，也幫助學生和他的內在／身體更靠近了一些。

這就是「從感受切入」的對話路徑。

接下來，我就可以進一步和恩恩對話了。

連結學生的渴望

恩恩　我沒有不舒服。

老師　恩恩，謝謝你願意讓我知道你沒有不舒服，因為我很關心你。我在國中的時候，若是老師在課堂上叫我罰站，應該會有些不舒服吧！但你沒有。而且你剛剛第一時間就配合老師的要求到後面罰站，謝謝你對我的尊重，沒有為難我。恩恩，你怎麼會願意這麼尊重老師和配合老師啊？

恩恩　是我自己做錯事了。

老師　上週有校外老師來觀課，他們要我轉告你，他們很欣賞你當時在課堂上的回答。我也發現，你一直是很有想法的學生。

從感受切入後，我進一步試著看見學生的亮點，肯定並欣賞他，也就是「連結渴望」。冰山深處的「渴望層」是人類共有的，每個人皆渴望自己被接納、被認可、被愛，渴望自己的生命是有意義的，渴望自己的人生是自由的。因此在對話時，若能引導對方看見自己的渴望，認為自己是重要的、被尊重的，才能與對方產生連結。

我發現**和學生談話時，只要我能真誠且具體的回饋，學生的神色常常會變得柔和許多**。只要我能看到學生的亮點，肯定他的表現，學生有時會被觸動而落淚。

老師　恩恩，你能這麼懂得尊重師長，我有些好奇是誰教你的啊？

恩恩　姑姑。

一般而言，學生的生活態度大多來自父母的管教，但恩恩卻回答是姑姑教導他要懂得尊重師長，我不由得好奇他與父母的互動情況。

老師　是姑姑教你的啊！爸爸呢？

恩恩　爸爸都用打的。

聽到恩恩的回答，我有些微的驚訝，所以刻意停頓了一會，溫暖地用眼神看著面無表情的恩恩，同時也讓有些驚訝的自己，多點時間恢復平靜。恩恩的爸爸該不會直到現在仍用打罵的方式管教孩子吧？

老師　恩恩啊！你已經升上國二了，現在爸爸還打你嗎？

（恩恩點點頭）

老師　你願意說說看嗎？最近發生什麼事，爸爸還會打你啊？

恩恩　這個星期天有寒流要來，爸爸為了幫我祛寒，煮了一鍋薑湯要我喝，但我對爸爸說，我不喜歡薑的味道，爸爸就打我了。

聽到這，我意識到我不由自主倒抽了一口氣。覺察到自己的不安穩後，我刻意的放慢呼吸，停頓了一會才再問他：「然後呢？」

恩恩　爸爸就把薑湯倒掉，把薑塊留下來，要我把整鍋薑吃完。

老師　後來呢？

恩恩　我勉強吃了半碗，實在受不了就吐了。爸爸忽然抽出皮帶打我，拉扯我的衣服，最後我的上衣都被撕破了，爸爸還把我趕出家門（恩恩像是在說別人的事一般，情緒沒有什麼起伏。我有些好奇他當時的感受）。

老師　恩恩，謝謝你願意對我說這些事。恩恩，當爸爸打你時，你會不會難過啊？還是有其他不舒服的感覺？

恩恩　不會，是我自己做錯事了。

好熟悉的回答，我忍不住猜想：「在他眼中，我和他爸爸會不會很像啊？」我決定換個對話路徑，讓語調變得更寧靜，語速放得更慢，才對恩恩說：「恩恩，爸爸將皮帶抽打在你身上，你的身體會不會很痛啊？」恩恩眼眶立刻紅了起來。

我繼續說：「恩恩，老師知道你除了身體很痛，心裡應該也會難過吧？」恩恩的淚水從臉龐滑落，再也止不住了。

老師　**恩恩，老師知道你難過，也許還有一些生氣吧？恩恩，眼淚是健康的，你是可以掉眼淚的。**（說完這些話後，我靜默的陪著恩恩一段時間）

老師　**我小時候也曾經這樣被對待，只要爸爸不高興，不管是做錯一點事或根本沒做錯事，我也會被打罵，當時的我很無助，也很痛苦。恩恩，我明白這樣的痛苦。恩恩，你沒有錯，我覺得你沒有錯。謝謝你願意告訴我在你身上發生了這些事。如果你願意，可以來找我，好嗎？**

這時恩恩的導師出現在學思達教室門口，他擔心學生或許出了狀況，特地前來了解。我先讓恩恩離開後，才私下向同事核對。同事證實了恩恩的話。他曾經主動關心並和家長討論過，是否有其他更妥善的管教方式。

啊，原來如此，難怪今天恩恩上課如此煩躁。

很慶幸如今的我懂得如何溫暖好奇的對話，才能和恩恩好好對話。如果是幾年前的我，雖然關心學生，卻完全不知道該如何做。

這一次談話後，恩恩在我的課堂上不再出現任何不當舉動了，我有些驚訝，雖然他在其他課堂還是常惹任課老師生氣。或許是因為我真誠的聆聽了，和他建立起良好的連結吧！

以往和學生的談話，我只懂得訓話，從來不知道「真誠聆聽」的重要。在和學生的多次對話經驗後，我發現真誠的聆聽可以連結對方的渴望。怎麼說呢？因為當我願意聆聽對方時，代表我完全不預設立場的接納對方所有的話語，這意味著對方可以自由的自我表達，可以被看見、被重視。

和恩恩的對話就是如此，我只是帶著溫暖的好奇想了解恩恩發生了什麼事，並沒有想告訴恩恩課堂規矩，或他應該怎麼做。

當我願意好好聆聽時，自然就更靠近學生的內心。

了解了恩恩課堂不當言行的背後原來有著這樣的故事，忍不住猜想，其他一樣在課堂上調皮搗蛋的孩子，會不會也有著不為人知的故事？

他們最需要的，或許只是有個人能理解他、看見他，甚至告訴他，發生在他身上的事，並不是他的錯。

後記

看不見的學生

進成

導師對學生大聲咆哮，將備課用書重重摔地，發洩他對學生的憤怒。怒不可遏之下，導師立刻打電話給學生家長，家長在電話另一端頻頻道歉，再三保證等孩子回家後，一定會嚴加管教。

隔天，這名學生滿身傷痕，眼睛哭腫來到學校。但是對導師的指令仍然置若罔聞或拖拖拉拉，導師再次發火怒罵，學生轉身離開，爬上欄杆……

多希望這一切都沒發生。

在新聞報導上看到這些陸陸續續發生在各級校園的事件，或實際聽聞這些持續上演的師生衝突時，我常忍不住對號入座，揣想這些故事中的導師很可能就是我。

這些事件常讓我心驚與心疼。發生什麼事了？

教師們忙於課務與輔導，心力交瘁之際忍不住對違紀的學生採取斥責的姿態；青春正盛卻困於學業與人際關係的學子們，迫不得已選擇激烈的方式。

有沒有其他的發展可能呢？

有一次，我發現保健室的消毒水放在教室好幾週了，便請衛生股長小碩協助歸還保健室，小碩大力拍了拍胸脯保證會處理好。我向小碩表達感謝，謝謝他願意為班上服務。

沒想到，過了幾天消毒水依然還在教室，看到這情景我立刻有了一些情緒，幸好養成自我覺察習慣後，很快地看見湧起的情緒。在處理問題前，我先回到內在，透過深呼吸保持平穩，然後才請小碩來找我。

「小碩啊，消毒水還沒送還保健室，怎麼了？」小碩有些緊張，但仍然誠實回答，他忘了。「喔，好！那麼今天要記得還。」小碩再次信心滿滿的保證絕對沒問題。

過了兩天，消毒水依然在教室的同樣地方。再次看到這瓶消毒水，一瞬間我的情緒滿溢，忍不住連名帶姓的叫小碩過來。此刻，我也很快察覺到自己的情緒正在內心集聚，宛如千軍萬馬。

我帶著怒氣瞪著小碩，正要開口時，立即察覺到如果此時開口，肯定盡是責罵與怒斥。於是我暫時不看小碩，而是靜下心陪著自己。

停頓並靜心了一會兒，覺得內在比較安頓了，才重新看向小碩。正準備開口，又覺察到千軍萬馬集聚於心，於是停頓下來。如此反覆了兩、三次。

我不斷的靜心和深呼吸，很緩很深的呼吸，試著安頓自己。許久，才輕輕吐了口氣，一如以往平和的開口。

「小碩，這段時間你擔任衛生股長，自己覺得做得還不錯的地方有哪些？能不能舉出三件事？」我刻意問這個問題，是希望能幫助我看到並關注學生的亮點，而不會只局限在學生沒做好的地方。

小碩想了一下，說了三件事。

沒想到當小碩開口那一剎那，我的內在情緒瞬間波動起來，內心小劇場大吼：「你還真的敢講！」但是，我咬住自己的舌頭，沉住氣靜靜的聆聽。

當他說完後，我有些驚訝，也變得更平靜了。是啊！學生說的這三件事，都是我提醒過的，他也慢慢進步成長了。

原來，小碩認真地聽進我的提醒，雖然進步速度慢了些，但的確改進不少。

我想起電影《小偷家族》裡，雜貨店老伯伯對偷竊小孩的寬厚。

我對小碩有著期待，那麼小碩對我的期待又是什麼呢？有沒有可能，我和小碩交換一下彼此的期待？或者回到十四歲的我，如果做錯事了，期待導師如何對待我？

一個轉念，我的口氣更放鬆了，溫和的回饋：「小碩，你真的進步很多，這些我曾經叮嚀的事，你真的都做到了，謝謝你這麼尊重我、配合我。小碩，這瓶消毒水，下課後記得要拿去還。」

原本充滿警戒神情的小碩，一聽完我的話放鬆許多，略帶緊張的點點頭。

看著小碩轉身離去的身影，我的內心感慨不已。我終於做到了！十多年了，我總算像一個成熟的大人，好好處理這樣的事。很不容易啊！想了一會兒，我回到眼前的聯絡簿，一本又一本的批改著。

原來，是有其他的發展可能，我終於看到了，也做到了。雖然還是會常常回到慣性裡，但我已經有了其他的選擇。

面對國中導師的日常，我可以一如以往用指責怒罵的方式應對犯錯的學生，但我也可以選擇對學生多一點正向好奇，對學生的情緒多一點照顧；看見彼此的期待，連結內在冰山深層的渴望。

後記

沒有邊界的舞台

琇芬

據聞日本傳說中「機會之神」的髮辮梳攏在額頭，當機會之神迎面而來時，一定要趕緊揪住祂的髮辮，一旦錯身而過，回頭想要攔祂，已無任何可以抓取之處，只能嘆息的看著祂的背影愈行愈遠。

回顧大學以前，「機會」一直以隱晦模糊的樣態出現，或者可以這麼說——我從未留意身邊有何機會，也就無從把握。

直到五專時期，國文老師提示，畢業後還有「插班」的選項，我才意識到求學這條路未到終點，升學的機會浮現眼前。

什麼是機會？想要把握機會，得先了解自己究竟要獲得什麼。

十七歲以前，我對自己的未來不甚清楚，每日上學只因人人皆是如此。只對一件事感到興趣，那便是跳舞。

童年的記憶已甚模糊，但幼稚園時登上舞台扮演一朵小花，身穿綠衣、頭戴粉紅花帽的畫面，至今猶然清晰。

國小五年級，各班選派數名學生參與舞蹈表演，我主動報名並樂在其中。因個子矮小，站在隊伍最前排，又因舞步嫻熟，被安排為帶隊的舞者。

某次，一名老師前來觀看排練，對指導老師說了數語，我便和隊伍中一位個子較高的女生對調，淹沒在一群高個兒裡頭。

練了兩、三天，和我調換的女生，因不熟悉隊伍的變化，指導老師感到困擾，又將我調回領舞的位置。

國中時期，不愛讀書，每週只盼星期三下午的社團時間，只有那兩個小時舞蹈社團的活動，讓自己覺得快樂。

原本，我和同學們站在台下一起學習，數週後就被社團老師指定為示範者，站到台前。

國中時期，成績不佳，母親讓我去補習。我乖乖的上了一個月的補習班，之後就把補習費拿去學滑冰。週末假期，嘴裡說去補習，實際上騎著腳踏車到冰宮，整天在冰面上練習滑冰技巧。

我喜歡的事，在大人眼裡是不該做的；大人要我做的事，我卻提不起一點興致。

直到博士班，我還是勤跑舞蹈社團。博二那年，社團舉辦成果展，與我搭檔的舞伴是機械所的碩士生。他畢業後沒有從事機械相關工作，反而赴西班牙學佛朗明哥，現在成立舞蹈工作室，經常公開演出。

我則在這場成果展後，逐漸淡出舞蹈社團。

人生會經歷許多十字路口，機會之神往往出現這些轉折點，抓住了祂的辮子，祂會帶著你轉向另一個方向。有時轉彎的力道過猛，倘若手沒抓緊，很可能狠狠的摔出一身傷；一旦緊抓不放，眼前就會看到一條明媚的坦途。

十七歲那年，五專三年級的國文課，老師將全班分組，每組上台教授一篇文章。如今我完全不記得我們這組分配的是哪一篇，卻清楚記得自己負責的是史可法的生平。

那次上台簡直不能算是教學，勉強算是報告，而且也只是照本宣科的把準備好的資料對著全班讀過一遍。

下課時，班上一位好學的同學湊過來問我：「你怎麼沒說明『揚州十日』？」我當下十分心虛，因為所查閱的資料裡，沒有提到「揚州十日」。

於是課後我跑到圖書館翻閱記載史可法的相關書籍，查找「揚州十日」的內容。這是我第一次主動求知，只因為同學的一句質疑。

同學的一句質疑，意外地啟動了我閱讀的興趣。我開始閱讀漫畫以外的書籍，從同學推薦的言情小說到張曼娟的小說，從席慕蓉的詩到簡媜的散文，從琦君的《橘子紅了》到自費聆聽蔣勳在高雄科工館的《紅樓夢》講座，講座結束後還購齊八十回的演講ＣＤ，在駕車時重溫演講的內容。

我的閱讀樂趣與成就根源於自主學習，自主學習的驅力則來自於興趣。

雖然大學以前學業成就低落，但發生在我身上最幸運的一件事，便是在五專三年級發現了自己的「天賦」。

執教以來，與其說是傳遞中國文學的知識，不如說是藉由作者在文章裡闡述的人生理念，影響學生的觀點，期盼自己能成為引導學生探索自我、發現天賦的推手。

探索自我，需要思考；引導思考，需要搭建學習鷹架；搭建鷹架前，需要畫出藍圖。

學思達教學模式的「學生自學」、「思考問題」、「小組討論」、「師生問答」、「教師統整」五步驟，就像「宮商角徵羽」古樂五音，因應課程與學生的不同，每堂課的進行猶如一首歌，節奏與旋律雖有不同，但全由五個音階組合而成。

初時運用學思達教學五步驟，猶如音樂門外漢，總是固定的節奏與旋律。練習的時間久了，曲調會因學生的共鳴而改變。有些課程可能自學多一點，討論少一點；有些班級可能思考多一點，統整少一點；有時候五步驟如副歌一再彈唱，有時候師生問答如交響樂，磅礴激昂。

博二那年，我拉住了機會之神的髮辮，人生舞台從舞蹈轉向教學。好大的一圈迴旋，暈頭轉向中仍緊握不放。

如果跳舞是在舞台的燈光中展現自我，那麼教學則須打破講台的第四面牆，與台下的學生互動交流，讓教室成為一面平台，師生共舞。

教學頭幾年，我還在學習如何成為一名教師。雖然嘗試打開第四面牆，走下講台與學生互動，一旦師生互動遇到阻礙，就又退回講台，關上第四面牆，唱著教學的獨角戲。

教學這幾年，第四面牆已不復存在。教室成為一座大舞台，學思達教學五步驟的音調在課堂裡敲擊出節奏，師生間的對話則交織成旋律。

那個舞步嫻熟帶隊領舞的小孩，仍在我的心裡，如今帶領學生共同踩著知識的舞步，跳出生命的舞曲。

打開第四面牆，不只是學思達教師們的共同態度，打開教室的門，讓各界走入教學現場觀課、議課，更是學思達教師們的共同邀請。

讓教學成為一座沒有邊界的舞台。

教育教養 BEP050

學思達與師生對話

國家圖書館出版品預行編目(CIP)資料

學思達與師生對話 / 郭進成, 馬琇芬著. -- 第一版. -- 臺北市 : 遠見天下文化, 2020.02
面； 公分. -- (教育教養 ; BEP050)
ISBN 978-986-479-925-1(平裝)

1.師生關係 2.親師關係 3.溝通

521.65 109000091

作者 — 郭進成、馬琇芬

總編輯 — 吳佩穎
人文館總監 — 楊郁慧
責任編輯 — 李依蒔（特約）、楊郁慧
封面設計 — 張議文
內頁設計 — 蔡怡欣（特約）

出版者 — 遠見天下文化出版股份有限公司
創辦人 — 高希均、王力行
遠見・天下文化・事業群 董事長 — 高希均
事業群發行人／CEO — 王力行
天下文化社長 — 林天來
天下文化總經理 — 林芳燕
國際事務開發部兼版權中心總監 — 潘欣
法律顧問 — 理律法律事務所陳長文律師
著作權顧問 — 魏啟翔律師
社址 — 台北市 104 松江路 93 巷 1 號 2 樓
讀者服務專線 —（02）2662-0012
傳真 —（02）2662-0007；2662-0009
電子信箱 — cwpc@cwgv.com.tw
郵政劃撥 — 1326703-6 號 遠見天下文化出版股份有限公司
出版登記 — 局版台業字第 2517 號

電腦排版 — 立全電腦印前排版有限公司
製版廠 — 中原造像股份有限公司
印刷廠 — 中原造像股份有限公司
裝訂廠 — 中原造像股份有限公司
總經銷 — 大和書報圖書股份有限公司 電話／(02)8990-2588
初版日期 — 2021 年 6 月 3 日第一版第 6 次印行

定價 — NT400 元
ISBN — 978-986-479-925-1
書號 — BEP050
天下文化官網 — bookzone.cwgv.com.tw

天下文化
BELIEVE IN READING